신화 속의
과학

고즈원은 좋은책을 읽는 독자를 섬깁니다.
당신을 닮은 좋은책—고즈원

신화 속의 과학

이인식 지음

1판 1쇄 발행 | 2011년 11월 4일

저작권자 ⓒ 2011 이인식
이 책의 저작권자는 위와 같습니다. 저작권자의 동의 없이
내용의 일부를 인용하거나 발췌하는 것을 금합니다.
Copyright ⓒ 2011 by Lee In-Sik
All rights reserved including the rights of reproduction
in whole or in part in any form. Printed in KOREA.
일러스트_ 최승협

발행처 | 고즈윈
발행인 | 고세규
신고번호 | 제313-2004-00095호
신고일자 | 2004. 4. 21.
(121-896) 서울특별시 마포구 동교로13길 34(서교동 474-13)
전화 02)325-5676 팩시밀리 02)333-5980

값은 표지에 있습니다.
ISBN 978-89-92975-60-5
　　　978-89-92975-22-3 (세트)

고즈원은 항상 책을 읽는 독자의 기쁨을 생각합니다.
고즈원은 좋은책이 독자에게 행복을 전한다고 믿습니다.

머리말

　이 책은 세계 신화를 21세기 과학기술의 눈으로 읽으면서 신화 속의 꿈같은 이야기가 과학기술에 의해 실현되는 과정을 살펴본 일종의 신화 해설서이다.

　신화와 과학은 본질적으로 상반되는 분야이다. 신화는 원시시대 사람들의 머릿속에서 상상만으로 꾸며 낸 허구이다. 한편 과학은 관찰과 실험을 통해 자연현상을 이해하고 논리적으로 설명한다. 신화가 주관적인 환상이라면 과학은 객관적인 지식이므로 상반될 수밖에 없는 것이다.

　하지만 고대 문명의 발상지인 중국, 인도, 메소포타미아, 이집트에는 모두 풍부한 고대 신화가 존재하였다. 신들은 우주와 인류를 창조할 뿐만 아니라 로봇, 비행기, 불사약 등을 척척 만들어 내는 발명가이기도 했다. 이러한 신들의 이야기가 널리 퍼진 지역일수록 세계적인 발명이 뒤따랐다. 고대인들의 상상력으로 꾸며 낸 신화가 과학기술의 씨앗

이 된 셈이다.

  이 책은 동양과 서양의 신화 속에 묘사된 과학기술을 열세 개의 꼭지로 나누어서 훗날 현실화된 내용을 정리해 두었다. 청소년 여러분은 신화와 과학이 융합된 이 책을 통해 신화와 현실 세계를 넘나들면서 신도 되어 보고 과학기술자도 되어 보는 즐거움을 만끽하게 될 줄로 여겨진다.

  이번에도 어김없이 멋진 편집 솜씨를 발휘한 고즈윈의 고세규 대표와 김현지 대리에게 감사의 뜻을 전하고 싶다.

2011년 10월 19일
서울 역삼 아이파크에서
이인식

차례

머리말 4

1 천지창조는 어떻게 이루어졌을까
01 카오스에서 우주의 질서가 나오다 10
02 거인족이 세상을 누비다 23

2 생명의 한계를 뛰어넘는다
01 미라에 새긴 부활의 꿈 38
02 저승에 다녀온 사람들 52
03 영생불멸을 꿈꾸다 66

3 사람이 왜 동물로 바뀌었을까
01 인어는 살아 있다 80
02 거미와 누에로 변신한 사람들 93

4 신화는 과학이다

01 델포이 신탁의 수수께끼　108
02 신화 속의 궁전이 현실로 나타나다　124
03 성경과 과학이 만나다　140

5 과학으로 신화의 꿈이 실현되다

01 사람이 하늘을 날다　156
02 신화와 전설 속의 로봇　169
03 달나라로 도망간 여자　183

더 읽어 볼 만한 책　196
찾아보기 : 신화　198
찾아보기 : 용어　200
찾아보기 : 인명　202
지은이의 주요 저술 활동　204

 # 카오스에서 우주의 질서가 나오다

 이 세상은 카오스로부터 창조되었다. 땅과 하늘이 창조되기 전에는 카오스만이 끝없이 펼쳐져 있을 뿐이었다.
 기원전 8세기경의 그리스 시인인 헤시오도스는 「신통기」에서 태초에 생긴 것은 카오스라고 적었다. 카오스는 그리스어로 '하품을 하듯 입을 크게 벌리다'라는 뜻의 단어에서 파생된 것으로 '비어 있는 공간'을 나타내지만, 오늘날 '혼돈'이나 '무질서'를 의미한다.

그리스 신들의 혈투

 그리스의 창세신화는 카오스에서 시작된다. 카오스 다음으로 생긴 것은 대지의 여신인 가이아이다. 이어서 카오스에서 타르타로스(지옥), 닉스(밤), 헤메라(낮)가 창조된다.
 타르타로스는 땅속의 지옥이다. 타르타로스를 향해 청동 모루를 떨어뜨리면 9일 동안 내려가 10일째 되는 날 아침에야 닿을 정도로 끝이 없는 지하 세계이다. 타르타로스의 중심부에는 닉스의 궁전이 있다. 닉스는 영원히 검은 구름으로 덮여 있는 궁전에서 하루 종일 앉아 있다가 땅거미가 지면 땅 위로 몸을 드러낸다.

「신통기」에서 세상을 창조하는 일에 가장 중요한 역할을 하는 신은 가이아이다. 먼저 가이아는 사랑과 출산의 여신인 에로스를 창조한다. 이어서 가이아는 독자적인 힘으로 하늘, 산, 바다를 낳았다. 특히 하늘인 우라노스는 세상에서 가장 강력한 신으로서 온 세상과 모든 신을 다스렸다.

가이아는 아들인 우라노스와 짝짓기를 하여 힘센 자식들을 많이 낳았다. 그중에는 열두 명의 티탄이 있었다. 티탄은 무서운 괴력을 가진 거대한 신들이었다. 특히 막내인 크로노스는 교활하고 야망이 대단했다. 우라노스는 티탄들이 자신의 말을 잘 듣지 않자 그들을 타르타로스의 구렁텅이 속으로 내던졌다. 가이아는 지옥으로 자식들을 찾아가서 아버지에게 복수하라고 부추겼다. 티탄들은 우라노스의 강력한 힘이 무서워서 선뜻 나서지 못했으나 막내인 크로노스만은 어머니 가이아의 말에 따랐다. 크로노스는 타르타로스를 탈출하여 커다란 낫을 들고 우라노스를 해칠 기회를 엿보았다. 크로노스는 가이아와 잠을 자고 있는 아버지를 습격하여 낫으로 남근을 잘라 바다에 내던졌다. 생식기능을 상실한 우라노스는 힘을 잃고 더 이상 세상을 다스릴 수 없게 되었다. 결국 크로노스는 모든 권력을 갖고 세상을 지배하게 된 것이다.

크로노스는 아버지를 거세하는 방법으로 세상의 주인이 되었기 때문에 자식들이 자신을 배반하게 될 것을 두려워했다. 그래서 크로노스는 누이인 레아와 결혼한 뒤 아기를 낳을 때마다 안고 오라고 명령했다. 크로노스는 레아가 아기를 낳아 데려오면 그 자리에서 아기를 집어삼켜 버렸다. 크로노스가 삼킨 자식들은 헤라(출산의 여신), 데메테르(농업의 여신), 헤스티아(가정의 여신), 하데스(지하 세계의 지배자), 포세이돈(바다의 왕) 등 다섯 명에 이르렀다.

레아는 다시 아기를 임신하자 시부모인 우라노스와 가이아에게 찾아가서 배 속의 아기를 살릴 방법을 상의했다. 레아는 그들의 충고에 따라 크레타 섬의 동굴로 가서 크로노스 몰래 아기를 낳아 숲 속의 요정들에게 맡기고 궁전으로 돌아와서 마치 아기를 낳고 있는 것처럼 울어 댔다. 이번에도 어김없이 크로노스는 아기가 태어나는 즉시 데려오라고 명령했다. 레아는 돌멩이 하나를 아기처럼 강보에 싸서 남편에게 갖다 주었다. 크로노스는 아무 의심 없이 그 돌을 삼켰다. 그렇게 해서 목숨을 건지고 크레타 섬에 살아남은 아기가 막내로 태어난 제우스이다.

용감한 젊은이로 자란 제우스는 아버지인 크로노스가 형과 누나들을 삼켜 버린 사실을 알고 나서 그를 신들의 왕좌에서 추방하기로 결심했다. 제우스는 풀로 만든 약을 포도주로 속여 크로노스에게 마시도록 하는 데 성공했다. 크로노스는 그 약을 마시자마자 토하기 시작했다. 처음 토한 것은 제우스로 알고 삼킨 돌멩이였다. 이어서 다섯 명의 자식들을 모두 게워 냈다.

크로노스는 위기를 느끼고 형제인 티탄들에게 도움을 청했다. 제우스는 형제들과 여러 신들을 그리스의 올림포스 산에 집결시키고 요새를

프란시스코 데 고야, 「아들을 잡아먹는 크로노스」.
티탄의 막내인 크로노스는 자식들의 배반이 두려워 모두 집어삼켜 버렸다.

만들었다. 그리하여 제우스와 그의 삼촌인 티탄들 사이에 우주의 지배권을 놓고 전쟁이 시작되었다. 그 무시무시한 싸움은 9년이나 계속되었다. 승부가 일진일퇴를 거듭하는 동안에 땅, 바다, 하늘은 거대한 지옥으로 변했다. 전쟁이 10년째 접어들면서 티탄들의 힘이 쇠퇴했으며 승기를 잡은 올림포스 신들은 지구의 구석구석까지 티탄들을 추격하였다. 티탄들의 패배로 10년 전쟁은 막을 내렸다. 제우스는 크로노스와 티탄들을 타르타로스의 구렁텅이에 유폐시켰다. 티탄들을 물리친 신들은 올림포스의 산꼭대기에 순금으로 만든 궁전을 세웠다. 모든 신들은 제우스를 아버지로 우러러보았다. 제우스는 올림포스를 다스리고 우주를 지배했다.

그리스의 창세신화는 우라노스로부터 크로노스로, 크로노스에서 제우스로 이어지는 3대에 걸친 골육상쟁을 통해 태초의 카오스로부터 우주의 질서가 형성되는 과정을 보여 주고 있는 것이다.

중국 창세신화의 혼돈

아직 천지가 생겨나지 않은 까마득한 그 옛날, 세상은 그저 어두운 혼돈만 있을 뿐, 어떠한 형상도 찾아볼 수 없었다.

기원전 300년경 중국에서 편찬된 『장자』에는 혼돈에 관한 이야기가 다음과 같이 적혀 있다.

남해의 왕은 숙, 북해의 왕은 홀, 중앙의 왕은 혼돈이라 한다. 숙과 홀은 자주 혼돈에게 놀러 가서 융숭한 대접을 받았기 때문에 그 은혜에 보답하기로 했다. 사람은 모두 눈·코·귀·입 등 일곱 개의 구멍이 있어 보고 듣고 먹는데, 혼돈에게는 구멍이 하나도 없었다. 그래서 숙과 홀은 도끼와 끌로 하루에 하나씩 이레 동안 일곱 개의 구멍을 뚫어 주었다. 그랬더니 가엾게도 혼돈은 영원히 잠들어 버렸다. 혼돈이 죽고 나자 혼돈의 뒤를 이어 우주와 세계가 탄생하였다.

중국 최초의 신화 자료집으로 평가되는 『산해경』에도 혼돈이 등장한다. 『산해경』에서 혼돈은 산에 사는 한 마리의 신령스러운 새로 묘사된다. 그 새의 모습은 누런 헝겊 주머니 같고, 한 덩어리의 불꽃 송이처럼 붉으며, 다리는 여섯 개, 날개는 네 개가 달려 있지만 얼굴이 없어 눈·코·귀·입이 없었다. 이 새의 이름은 제강이다.

혼돈의 새 제강

혼돈 상태에서 천지가 개벽하고 세계가 창조되는 과정을 가장 구체적으로 보여 주는 중국의 창세신화는 반고의 이야기이다. 3세기경에 중국의 창세신화를 최초로 기록한 『삼오역기』에 따르면, 하늘과 땅이 아직 갈라지지 않았던 태초에 우주의 모습은 한 덩어리의 혼돈으로, 큰 달걀처럼 생겼다고 한다. 하늘과 땅이 달걀의 노른자와 흰자처럼 붙어

중국 창세신화의 거인 반고.
태초의 카오스에서 태어난 반고가 하늘과 땅을 갈라놓았다.

있을 때 이 카오스에서 거인이 나온다. 이 태초의 알에서 태어난 거인은 중국인의 시조인 반고이다.

　반고는 태어난 뒤 1만 8,000년 동안을 곤하게 잠만 잤다. 어느 날 반고가 잠에서 깨어났을 때, 보이는 것이라고는 흐릿한 어둠뿐이었다. 반고는 몹시 고민하다가 화가 나서 어두운 혼돈을 향해 큰 도끼를 휘둘렀다. 드디어 큰 달걀이 깨어지고 그 속에 있던 가볍고 맑은 기운은 위로 올라가 하늘이 되고, 무겁고 탁한 기운은 아래로 가라앉아 땅이 되었다.

　하늘과 땅이 갈라진 뒤 반고는 그것들이 다시 붙을까 봐 걱정이 되어 중간에 서서 머리로는 하늘을 받치고 다리로는 땅을 눌렀다. 반고는 날마다 한 장씩 키가 자랐으며, 그때마다 하늘은 매일 한 장씩 높아졌다. 반고가 무거워짐에 따라 땅도 굳어져 한 장씩 두꺼워졌다. 이렇게 1만 8,000년이 지나자 하늘은 더 이상 높아질 수 없을 만큼 높아지고, 땅도 더 이상 두꺼워질 수 없을 정도로 두꺼워졌다.

　오랜 시간이 흐른 뒤 하늘과 땅이 완전히 만들어져 두 번 다시 어두운 혼돈으로 합쳐지는 것을 걱정하지 않아도 되었을 즈음에 반고는 마침내 지쳐 쓰러져 죽어 갔다. 그가 죽어 갈 때 하늘과 땅만 있던 세계에 갑자기 거대한 변화가 일어나기 시작했다.

　반고가 마지막 숨을 몰아쉴 때 새어 나온 숨결은 바람과 구름이 되고 목소리는 천둥소리로 변했다. 왼쪽 눈은 태양이 되고 오른쪽 눈은 달로 바뀌었다. 손과 발, 그리고 몸은 대지의 빼어난 산이 되었다. 피는 강물이 되고 핏줄은 길로 바뀌었다.

살은 밭이 되었으며, 머리카락과 수염은 하늘의 별로, 피부와 털은 화초와 나무로 변하였고, 이·뼈·골수 등은 반짝이는 금속과 단단한 돌, 둥근 진주와 아름다운 옥돌로 변했다. 반고가 흘린 땀까지도 이슬과 빗물이 되었다. 하늘과 땅을 만든 거인 반고는 죽은 뒤에도 그의 몸으로 더욱 풍요롭고 아름다운 세계를 창조해 낸 것이다.

중국 창세신화는 카오스에서 태어난 거인이 죽어서 세계 질서가 창조되는 것을 보여 주었다. 『장자』에서 혼돈의 죽음이 질서의 시작임을 암시한 것과 같은 맥락임을 알 수 있다.

카오스의 과학

그리스와 중국의 창세신화는 카오스(혼돈)에서 코스모스(질서)가 생겨났음을 보여 준다. 이 우주(코스모스)가 탄생하기 전의 텅 빈 상태가 카오스였다. 이 카오스가 일순간에 질서를 만들어 내는 현상을 최초로 발견한 인물은 프랑스 수학자인 앙리 푸앵카레(1854~1912)이다.

19세기 말 푸앵카레는 행성의 궤도를 연구하다가 난관에 봉착했다. 뉴턴(1642~1727)의 만유인력 방정식을 응용하면 두 개의 대상, 예를 들어 태양과 지구의 궤도를 계산할 수 있다. 그러나 거기에 제3의 대상이 얽히게 되면 만유인력 방정식은 풀리지 않는다. 일부 궤도는 약간의 교란에도 태양계에서 이탈하여 태양계를 불균형 상태로 빠뜨릴 수 있었다. 푸앵카레는 너무나 하찮은 원인도 엄청나게 복잡한 과정을 유발할 수 있다는 사실을 발견한 것이다. 그는 1908년에 펴낸 저서에서 "우리

카오스의 학문적 발견. 카오스의 발견은 20세기 물리학의 세 번째 혁명으로 평가된다.

가 간과하는 하나의 매우 작은 원인이 우리가 무시할 수 없는 중요한 결과를 결정한다. 그리고 우리는 그 결과가 우연 때문이라고 말한다. …… 초기조건에서의 작은 차이가 최종 현상에서 매우 큰 차이를 유발하게 될지 모른다."고 지적하고, 일기예보를 믿을 수 없는 까닭이 '초기조건에 대한 민감성' 때문이라고 주장했다.

푸앵카레가 지적한 현상은 기상학에서 '나비효과'라고 한다. 오늘 베

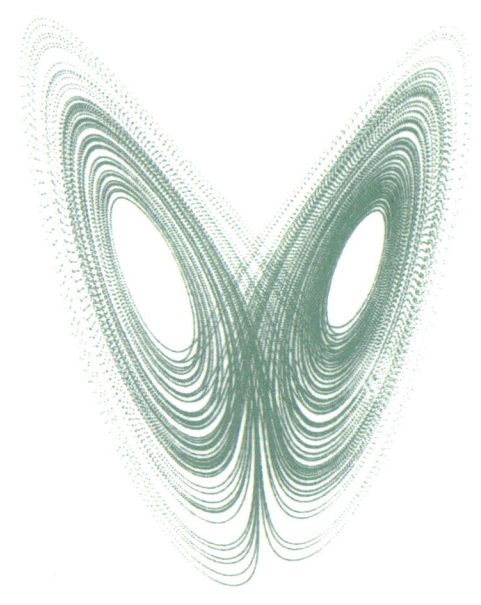

에드워드 로렌츠가 발견한 이 그림은 카오스를 나타낸다.

이징에서 공기를 살랑거리는 나비가 다음 달에 뉴욕에서 폭풍우를 몰아치게 할 수 있다. 나비의 날갯짓처럼 작은 변화가 폭풍우처럼 큰 변화를 유발시키는 현상을 나비효과라 이른다.

푸앵카레가 지적한 날씨의 나비효과는 1963년 컴퓨터에 의해 비로소 발견되었다. 미국 기상학자인 에드워드 로렌츠(1917~2008)는 컴퓨터로 기상을 모의실험 하던 도중에 우연히 초기조건 값의 미세한 차이가 엄청나게 증폭되어 판이한 결과가 나타나는 것을 발견했다. 로렌츠가 발견한 나비효과가 다름 아닌 카오스이다.

카오스는 대기의 무질서, 하천의 급류, 인간의 심장에 나타나는 불규칙적인 리듬, 주식가격의 난데없는 폭등처럼 우리 주변에서 불시에 나타난다. 이와 같이 카오스는 오랫동안 우리 곁에서 이해받게 될 날이 오기를 기다리면서 숨어 있었다. 당시 로렌츠에 의해 학문적으로 발견되었을 따름이다.

로렌츠가 카오스를 찾아냈을 때 컴퓨터 화면이 보여 준 기상계의 움직임은 한없이 복잡한 궤도가 일정한 범위에 머무르면서 서로 교차되거나 반복됨이 없이 나비의 날개 모양을 끝없이 그려 내고 있었다. 카오스를 나타내는 이 그림은 놀랍게도 일정한 모양새를 갖고 있었다. 혼돈(불규칙성) 속에 모양(규칙성)이 숨어 있었던 것이다. 이를테면 '규칙적인 불규칙성'이 나비효과에서 발견된 것이다. 혼돈 속에 질서가 내재되어 있다는 사실이 확인됨에 따라 새로운 용어가 등장했는데, 그것이 카오스이다. 1975년 '초기조건에 민감한 의존성을 가진 시간 전개'를 카오스라고 명명했다.

카오스의 발견으로 카오스 과학이 등장했다. 카오스 과학은 1980년대부터 다양한 분야에 이용되고 있다. 먼저 생리학의 경우 뇌와 심장에서 카오스 현상이 발견되었다. 카오스를 이용한 제품 개발 역시 활발하다. 통신 보안 장치에서 카오스 컴퓨터에 이르기까지 다양하게 연구되고 있다.

카오스를 활용하는 연구 못지않게 카오스를 제어하는 연구도 진행된다. 인류는 마침내 카오스를 이해하는 수준을 넘어 카오스를 정복하는

카오스 이론. 혼돈에서 질서가 창조되는 모습을 설명한다.

단계로 나아가고 있는 것이다.

오늘날 과학자들은 혼돈에서 질서가 저절로 형성되는 원리를 밝혀내기 위해 노력하고 있다.

동서양의 창세신화는 인류의 조상들이 카오스에 질서를 창조할 수 있는 힘이 숨어 있다는 사실을 일찌감치 알고 있었음을 확인시켜 준다.

 ## 거인족이 세상을 누비다

태초에 거인들이 있었다. 태초의 혼돈에서 맨 먼저 거인들이 태어났다. 그리스의 가이아, 바빌로니아의 티아마트, 중국의 반고, 스칸디나비아의 이미르는 카오스에서 최초로 생겨난 거인들이다. 이들은 창세신화에서 우주를 생성하는 주인공 역할을 한다.

게르만 신화의 서리 거인

이미르는 게르만 신화의 천지창조에서 처음으로 등장하는 생명체이다. 게르만 신화는 독일, 네덜란드, 영국, 스칸디나비아 반도 등 유럽 사람들의 조상에 의해 전승되었다. 게르만 신화의 대부분이 노르웨이나 스웨덴 등 스칸디나비아 반도 사람들에게 가장 오랫동안 이어져 내려왔기 때문에 북유럽 신화라고도 한다.

북유럽 신화의 천지창조는 태초에 존재했던 두 생명체로부터 시작된다. 그 생명체는 서리가 녹아내린 물방울에서 생겨난 거인과 암소이다. 서리 거인 이미르는 암소의 젖을 먹고 살았다. 암소가 얼음덩어리를 핥자 그 안에서 최초의 신이 태어났다. 이 남자 신의 손자들이 오딘 삼 형제이다.

오딘 삼 형제는 이미르를 기습하여 살해하고 그 시체로 세상을 만들었다. 살점을 떼어 내 땅을 만들고 뼈로 산을 만들었으며 피로는 바다와 호수를 만들었다. 그리고 이, 턱, 뼛조각으로는 바위, 옥석, 돌멩이를 만들었다. 이렇게 땅과 바다를 만든 오딘 삼 형제는 이미르의 두개골을 끌어 올려 하늘을 만들고 동서남북의 네 귀퉁이를 난쟁이 네 명에게 떠받치도록 하였다. 마지막으로 이미르의 뇌를 하늘로 던져 올려 갖가지 모양의 구름으로 변하게 하였다.

어느 날 대지와 바다가 만나는 땅의 끝자락을 따라 걷고 있던 오딘 삼 형제는 뿌리가 땅 위로 비어져 나온 죽은 나무 두 그루를 발견한다. 하나는 물푸레나무였고 다른 하나는 느릅나무였다. 오딘 삼 형제는 물푸레나무로 최초의 남자를 만들고 느릅나무로는 최초의 여자를 만들었다. 그리고 제각기 최초의 두 인간에게 생명의 숨결, 지성과 감정을 느끼는 마음, 듣고 보는 능력을 주었다. 이 두 남녀로부터 모든 인류가 생겨났다.

오딘 삼 형제는 이미르의 몸으로 아홉 개의 세계를 창조한다. 이 세계를 떠받치고 있는 것은 이그드라실이라는 거대한 물푸레나무이다. 이그드라실은 모든 나무 중에서 가장 크고 튼튼한, 나무 중의 나무이다. 또한 세계의 중심에 있는 세계수이다. 별들에 둘러싸인 이그드라실은 우

세계수 이그드라실.
거대한 물푸레나무인 이그드라실은 이 세계를 떠받치고 있다.

주의 중앙에서 자라면서 하늘과 땅을 잇고 있다.

세계가 창조될 때 아홉 나라가 만들어졌는데, 세계수 이그드라실의 뿌리와 가지를 통해서 서로 이어져 있었기 때문에 전체로는 하나인 셈이다.

아홉 세상은 이그드라실의 뿌리, 밑동, 가지에 각각 세 나라씩 존재한다. 이그드라실에는 세 개의 뿌리가 있고 그 뿌리에는 지하 세계가 하나씩 자리 잡고 있다. 첫 번째 뿌리에는 죽음의 여신인 헬이 지배하는 명부 세계, 두 번째 뿌리에는 혹한과 얼음으로 겨울이 영원히 끝나지 않는 거인들의 나라, 세 번째 뿌리에는 안개와 고난으로 가득 찬 인간 세계가 있다. 죽은 자들이 살고 있는 세 개의 지하 세계는 지하로 9일을 달려가야만 도착할 수 있다.

이그드라실이 땅 위로 솟아난 곳에 다시 세 나라가 있다. 폭력과 탐식을 즐기는 거인들의 나라, 사랑의 신이 다스리는 신들의 나라, 미드가르드라고 불리는 중간 나라가 있다. 미드가르드는 천국과 지옥 사이의 중간 세상으로, 인간들이 살고 있는 곳이다. 미드가르드는 매우 광활한 바다로 둘러싸여 있는데, 그 바다에 요르뭉간드르라는 무시무시한 뱀이 누워 있다. 따라서 요르뭉간드르는 미드가르드 뱀이라고도 불린다.

이그드라실의 큰 가지 세 개는 위로 뻗어서 세 개의 하늘나라를 떠받치고 있다. 첫 번째는 불의 정령들이 사는 나라, 두 번째는 빛의 요정들이 사는 나라, 세 번째는 신들의 땅이다. 신들의 땅에 발할라가 있다. 발할라는 오딘 삼 형제가 사는 거대한 궁전으로 '전사자의 집'이라는 뜻이다. 전장에서 용감하게 죽은 인간들의 영혼이 이곳에 초대되어 영원

요한 하인리히 퓌슬리, 「미드가르드 뱀과 싸우는 토르」.
토르는 북유럽 신화의 천둥의 신이다.

한 잔치를 즐긴다.

이그드라실의 둥치에는 세 명의 무당이 세상의 파멸을 막기 위해 살고 있다. 과거, 현재, 미래를 관장하는 이들은 세계수가 마르지 않도록 날마다 성수를 퍼다가 나무에 뿌려 준다.

그리스와 중국의 거인족

대지의 여신인 가이아와 하늘의 신인 우라노스 사이의 자녀 중에 키클롭스가 있었다. 인간 이전에 창조된 키클롭스는 이마 중앙에 눈이 하나밖에 없는 외눈박이 거인족이다. 처음 창조된 제1세대 키클롭스는 솜씨가 뛰어난 대장장이였다. 그들은 사냥의 여신인 아르테미스에게 은으로 된 활을 만들어 주기도 했다.

수백 년이 흐르면서 키클롭스는 지능이 퇴보하여 산악 지대인 고향을 떠나 유랑을 한 끝에 시칠리아 섬에 정착하는 신세가 되었다. 그들은 숲과 동굴이 많은 시칠리아 섬에서 양치기로 생활을 꾸려 갔다.

어느 날 이 섬에 오디세우스가 상륙한다. 그리스의 영웅인 오디세우스는 이오니아 해의 작은 섬인 이타카의 왕이었는데, 신탁에 따라 트로이 전쟁에 참전하여 기발한 계략으로 전쟁을 승리로 이끌었다. 트로이를 정복한 오디세우스는 부하들을 이끌고 고향을 향해 길을 떠났다. 10년에 걸친 귀향 중에 오디세우스 일행이 겪은 고난과 모험에 관한 이야기는 기원전 10세기경의 그리스 시인인 호메로스가 저술한『오디세이』에 실려 있다.

오디세우스와 폴리페모스.
오디세우스가 거인족 키클롭스의 두목인 폴리페모스의 눈을 찌르고 있다.

오디세우스를 제일 먼저 공격해 온 괴물은 키클롭스였다. 시칠리아 섬에 사는 키클롭스의 우두머리는 폴리페모스이다. 그는 바다의 신인 포세이돈의 아들로, 시칠리아 화산 부근의 동굴에서 살았다. 오디세우스 일행은 그 동굴에 아무도 없는 줄 알고 들어갔다가 폴리페모스에게 붙잡히고 말았다. 폴리페모스는 밤마다 오디세우스의 부하들을 동굴 벽에 내던져 머리를 부순 다음 한 점의 살도 남기지 않고 배불리 먹어 치웠다. 오디세우스는 폴리페모스가 술에 취해 곯아떨어진 틈을 타서 나무 막대기 끝을 불 속에 넣어 벌건 숯불처럼 달군 뒤에 그것을 거인의 외눈에 깊이 박고 송곳처럼 빙빙 돌렸다. 폴리페모스의 비명 소리는 동굴이 떠나갈 듯 울렸다. 오디세우스는 그를 장님으로 만든 뒤 살아남은 부하들과 함께 무사히 동굴을 빠져나왔다. 그때부터 오디세우스 일행은 포세이돈의 지독한 미움을 사게 되었다.

중국에도 거인족이 살았다. 『산해경』에 따르면 거인들의 나라가 존재했던 것 같다. 동해에는 태양과 달이 떠오르는 산이 있었는데, 대인국의 거인들은 그 산 위에 살았다. 산 위에는 거인들의 회의하는 장소가 있었고, 그 위에는 거인 하나가 버티고 앉아 길고 큰 두 팔을 벌리고 있었다. 이 거인들은 어머니의 배 속에서 36년을 보낸 뒤에 태어났는데, 태어나는 순간부터 이미 머리가 하얗게 세어 있었다고 한다. 그들은 본래 용의 자손들이었다.

이러한 거인들은 다른 기록에도 자주 나타난다. 용백국의 거인 하나가 무의식적으로 저지른 장난이 끔찍한 재앙을 불러온 이야기이다. 용백국 사람들은 1만 8,000살까지 살았으며 모두 용의 종족이므로 용백이라 했다. 한 거인이 심심하고 답답해서 낚싯대를 메고 동쪽 바다 밖으로 낚시질을 하러 갔다. 낚싯대를 던지자 오랫동안 굶주린 거북 여섯 마리가 걸려 올라왔다. 그는 거북의 등딱지로 점을 쳐 볼 생각을 하며 집으로 달려갔다. 천제가 이 일을 알고 불같이 화를 냈다. 그래서 용백국의 땅을 아주 작게 줄여 버리고 용백국 사람들의 목도 짧게 만들었다.

거인들은 하늘나라에도 많아서 그곳의 대문을 지켰다. 그들은 무섭게 생긴 머리가 아홉 개나 달렸으며 거목 수천 그루도 순식간에 모조리 뽑아 버렸다. 지옥에도 거인들이 있었다. 거인은 천당과 지옥, 그리고 인간 세상 할 것 없이 모든 곳에 존재했던 것이다.

거인들이 지상에 존재했던 흔적으로 여겨지는 거대한 유골이 여러 차례 발견되었다. 1456년 프랑스에서 거인의 뼈가 발견되었다. 루이 13세 시대에 한 외과 의사가 야만족의 유골임을 공식적으로 밝혔다. 그러나 훗날 중생대에 살았던 도마뱀의 뼈였던 것으로 밝혀졌다. 오스트리아의 빈에 있는 한 성당의 중앙 문은 '거인의 문'이라 불렸다. 1240년 이 건물을 지을 때 땅에서 거대한 뼈가 나왔기 때문이다. 이 뼈는 오랫동안 이 성당의 문에 걸려 있었는데, 유럽에 대홍수가 났을 때 물에 빠져 죽은 한 거인의 다리로 알려졌다. 그러나 18세기에 그것이 사람 다리가 아니라 매머드의 넓적다리였던 것으로 밝혀졌다. 물론 그 뼈는 성당 문에서 철거되었다. 거대한 유골들은 대개 약 1만 년 전의 빙하기 끝 무렵에 멸종된 대형 포유류, 이를테면 매머드나 자이언트나무늘보 등 대형 초식동물의 뼈다귀로 밝혀졌다.

현생인류의 키가 줄어든 까닭

1718년 프랑스의 한 학자가 수학 법칙을 응용하여 『창세기』부터 인간의 키가 어떻게 변화했는지 알아냈다고 주장했다. 그는 『창세기』의 인류의 조상은 키가 컸다고 주장했다. 아담은 약 40미터, 이브는 약 38미터였다. 아담과 이브가 선악과를 따 먹는 실수를 한 뒤부터 인간의 키는 끊임없이 줄어들었다. 노아는 33미터였으나 키가 급속도로 줄어들기 시작해 헤라클레스는 3.33미터, 율리우스 카이사르는 1.62미터에 불과했다. 다행히 예수가 탄생하여 이러한 하락 추세가 멈추었으며 오늘날 인간은 일정한 키를 유지하게 되었다는 것이다.

제2차 세계대전 이후 경제성장으로 생활수준이 향상되어 충분한 영양을 섭취한 덕분에 지구촌 곳곳에서 키의 증가 현상이 나타나기 시작했다. 그러나 오늘날 인류는 그 어느 때보다 키가 작은 것으로 밝혀졌다. 모든 인류학자들은 우리들이 조상들보다 키가 작고, 몸무게가 가볍고, 몸이 덜 튼튼하다는 사실에 동의하고 있다. 다시 말해 아버지는 아들보다 키가 더 컸으며, 할아버지는 아버지보다 몸무게가 더 나갔다는 것이다.

대다수의 인류학자들은 인류 진화의 초기, 곧 200만 년 전부터 호모 사피엔스(현생인류)가 출현한 30만~40만 년 전까지는 몸의 튼튼함이 서서히 증대했다고 주장한다. 이때의 인류는 두개골이 두껍고, 팔다리에는 근육이 탱탱하여 아주 힘이 셌다. 그러나 초기의 현생인류가 나타난 20만 년 전부터 인류의 키가 눈에 띄게 작아지기 시작했다. 그러다가 빙하시대가 끝난 1만 년 전에는 키가 줄어드는 속도가 극적으로 빨

거인 마크노의 아침 식사

라졌다. 이러한 키의 감소 추세는 5,000년 전에 멈추었다. 1만 년 전부터 5,000년 전까지, 그러니까 5,000년 동안에 키는 7퍼센트, 뇌의 크기는 9.5퍼센트, 얼굴 크기는 6~12퍼센트, 이의 크기는 4.5퍼센트 줄어든 것으로 추정된다. 말하자면 오늘날 인류는 인류 진화의 역사에서 조상들에 비해 키가 가장 작은 셈이다.

지난 20만 년 동안 현생인류의 키가 줄어든 이유에 대해서는 다양한 의견이 제시되었다. 그 이유로는 기술 발달 등 문화적 요인, 일부다처제

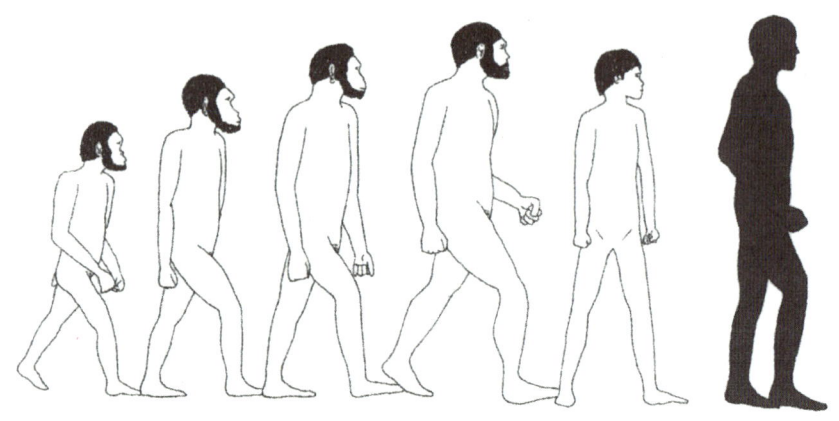

키의 역사.
인류 조상의 키는 호모 하빌리스, 호모 에렉투스를 거치면서 갈수록 커지다가 20만 년 전부터 갈수록 작아졌다. 그러나 오늘날 인류는 충분한 영양 섭취로 옛 조상보다 키가 더 커지고 있다.

의 붕괴에 따른 생식 전략의 변화, 영양 결핍 등이 거론되었다.

최초의 현생인류가 출현하기 전까지 인류의 조상들은 수렵 채집을 했다. 그들에게 가장 강력한 무기는 근육이었기 때문에 몸이 튼튼할 수밖에 없었다. 그러나 20만 년 전에 나타난 현생인류는 창이나 돌연장을 발명하여 사냥을 했다. 근육 대신 도구를 사용할 줄 알 만큼 영리해졌다. 이러한 도구 사용 기술, 곧 문화가 발달하면서 인류의 체구가 작아지기 시작했다.

일부 인류학자는 생식 전략의 변화를 이유로 제시한다. 빙하시대가 끝나는 1만 년 전에 키가 극적인 감소 추세를 보인 원인을 설명하는 데 설득력이 높다. 1만 년 전에 농업이 시작되고 먹을거리가 풍족해짐에 따라 사냥꾼의 인기가 사그라지면서 힘센 남자들이 사냥한 먹이로 여러 여자를 거느리고 살던 일부다처제가 붕괴되었다. 결국 남자들이 여자들을 쟁취하기 위해 힘을 겨룰 필요가 없어짐에 따라 인류의 몸집이 작아지게 된 것이다.

끝으로 영양 결핍 이론도 제시되었다. 빙하시대 이후, 즉 인류가 수렵을 그만두고 농업을 시작한 1만 년 전부터 인구가 폭발적으로 늘어났다. 그러나 먹을거리가 충분하지 않은 까닭에 영양 부족으로 몸집이 작아질 수밖에 없었다.

오늘날 인류는 충분한 영양 섭취로 미국과 유럽은 물론이고 일본, 한국, 중국 등 아시아 각국에서 평균 키가 증가하는 추세이다. 그렇다면 미래의 인류는 갈수록 키가 커질 것인가? 그러나 누구도 확실한 답변을 할 수 없다. 왜냐하면 지난 20만 년 동안 여러 가지 사회적 및 기술적 변화가 키의 감소를 초래한 것처럼, 가령 정보기술과 같은 정신노동 위주의 첨단 기술이 인간을 왜소화시킬지 모를 일이기 때문이다.

2

생명의 한계를 뛰어넘는다

 미라에 새긴 부활에의 꿈

나일 강의 거대한 물줄기는 이집트를 두 부분으로 나눈다. 기원전 3000년 무렵 나일 강의 범람에 중앙집권적으로 대처할 필요성을 절감한 이집트인들은 두 지역을 합친 통일국가를 세웠다. 통일 왕국은 상형문자와 피라미드로 상징되는 세계 4대 문명의 하나를 꽃피웠다.

그리스 신화보다 1,500년 이상 앞선 이집트 신화의 밑바탕에는 나일 강의 범람과 태양의 위력을 일상적으로 경험한 이집트인들의 세계관이 녹아 있다.

오시리스 신화

이집트 신화의 핵심 요소는 태양의 신인 라와 부활의 신인 오시리스이다. 라는 이집트 창조 신화의 주역이다. 사람의 모습 또는 매의 머리를 가진 것으로 묘사되는 라는 석양이 지면 지하 세계로 내려가서 적

게브와 누트.
이집트 신화에서 누워 있는 대지의 남신 게브가 하늘을 이루는 여신 누트와 사랑을 나눈다.

들과 싸우지만 언제나 승리하고 다음 날 아침 다시 떠오른다. 태양신을 숭배하는 표현으로 이집트인들은 피라미드를 건설하였다.

이집트 신화에 등장하는 최초의 남녀 한 쌍은 대지의 남신인 게브와 하늘의 여신인 누트이다. 그리스 신화에서는 대지의 여신인 가이아가 아래쪽에 있지만 이집트 신화에서는 남신이 땅을 지배하고 그 위에 하늘의 여신이 활모양으로 굽어 있다. 태양신 라는 게브와 누트의 사랑을 시샘하여 둘의 결혼을 금지했으나 누트는 명령을 거역한다. 분노한 라는 누트가 1년 360일 내내 아기를 낳을 수 없도록 저주한다. 지혜의 신인 토트가 누트를 위해 1년을 365일로 늘려 준다. 추가된 닷새 동안 누트는 두 쌍의 남녀 신, 곧 오시리스, 이시스, 세트, 네프티스를 차례로 낳는다. 장남인 오시리스는 누이인 이시스를 아내로 맞고 차남인 세트 역시 누이인 네프티스를 아내로 삼는다.

고대 이집트인들이 가장 숭배했던 신은 오시리스이다. 그는 이집트의 왕으로서 문명을 일으킨 영웅이다. 질투심 많은 동생 세트는 오시리스를 제거하는 음모를 꾸몄다. 악의 화신인 세트는 태어날 때 예정일이 채 되기도 전에 누트의 배를 찢고 튀어나올 정도로 천성이 고약했다. 그는 연회를 베풀어 형을 초대했다. 그 자리에는 오시리스의 그림자 치수를 재서 만든 나무 관이 놓여 있었다. 세트는 그 관에 정확히 들어맞는 사람에게 상금을 주는 내기를 걸었다. 그러고는 오시리스가 관 속에 눕자마자 뚜껑을 덮고 밀랍으로 봉인하여 나일 강에 던져 버렸다. 오시리스가 죽은 그 순간부터 이집트는 온갖 재앙에 시달리기 시작했다.

오시리스의 누이이자 아내인 사랑의 여신 이시스는 천신만고 끝에 남편의 주검이 들어 있는 관을 찾아내고 그에게 입을 맞춰 생명을 불어넣었다. 다시 살아난 오시리스는 사악한 동생을 피해 은둔 생활을 한다. 그러나 형의 부활을 눈치챈 세트는 잠든 오시리스를 덮쳐서 그의 몸을 열네 토막으로 잘라 이집트 방방곡곡에 흩뿌렸으며 생식기는 악어에게 먹이로 던져 주었다.

이시스는 이집트 전체를 뒤져 남근을 제외하고 남편의 조각난 시신을 모두 거두어들여 마법을 써서 남편의 몸을 원상 복구시켰다. 부활한 오시리스의 영혼은 이승에 머물지 않고 죽은 사람들의 나라로 갔다. 죽은 자의 영혼이 머무는 지하 세계에서 오시리스의 주검은 아누비스에 의해 방부 처리되어 최초의 미라가 되었다. 그 덕분에 오시리스는 저승에서 최초로 부활한 망자가 된다.

아누비스는 자칼의 머리를 갖고 있다. 자칼이 밤이나 낮이나 볼 수 있는 능력을 갖고 있기 때문이다. 아누비스는 태양이 매일 저녁에 지는 나일 강의 무덤에 살면서 영혼을 저승으로 인도하고 미라를 처리하는 역할을 맡았다.

고대 이집트인들은 영혼의 저승 안내서인 「사자의 서」를 관 속의 미라 곁에 넣어 두었다. 이 책에는 죽은 자의 영혼이 천국에 받아들여지기 전에 치르는 절차가 묘사되어 있다. 먼저 저승의 문지기인 아누비스가 사자를 오시리스의 재판정으로 데려간다. 그러면 사자는 오시리스와 이집트 각지에서 온 여러 신들 앞에서 그들이 묻는 말에 '아니요'라고 부정적 고백을 해야 한다. 예를 들면 심판관들이 "생전에 나쁜 짓을 저질렀는가?"라고 물으면 사자는 "아니요."라고 대답하는 것이다. 이어서 아누비스는 저울 양쪽에 진리를 나타내는 새의 깃털과 영혼을 나타내는 사자의 심장을 각각 올려놓는 이른바 심장의 무게 달기 의식을 거행한다.

저울이 균형을 이루면 무죄가 인정되지만 저울이 심장 쪽으로 기울면 생전에 나쁜 짓을 많이 한 것으로 판정된다. 그런 사자는 저울 옆에

입을 벌리고 있는 아메마이트가 집어삼켜 제2의 죽음으로 밀어 넣는다. 아메마이트는 사자, 악어, 하마가 합쳐진 잡종 동물이다. 저승에서 영원한 삶을 믿어 의심치 않던 이집트인들로서는 이 두 번째 죽음만큼 두려운 것도 없었다.

「사자의 서」. 죽은 자가 아누비스의 인도를 받아(왼쪽) 심판장으로 들어가 오시리스 앞에 선다(오른쪽). 가운데 장면은 심장의 무게 달기 의식이다.

죽은 자 가운데 최초로 신으로 부활한 오시리스는 저승의 왕들로부터 그들의 상징인 도리깨와 끝이 굽은 지팡이를 빼앗았다. 저승의 우두머리가 된 오시리스는 지하 세계를 개혁했다. 오로지 왕들만이 사후에 신들의 왕국에서 부활하는 특전을 누렸으나 오시리스는 모든 사람에게 천국을 개방한 것이다. 말하자면 오시리스는 모든 이집트인들에게 저승에서의 부활을 약속한 것이다. 따라서 이집트인들은 미라로 만들어져 매장되면 누구나 오시리스처럼 부활할 수 있다고 굳게 믿었다.

죽은 자는 천국의 영역으로 들어서는 순간 베누의 영접을 받는다. 이집트인들은 커다랗고 푸른 왜가리인 베누를 오시리스의 화신으로 여겨 불사조라고 생각했다.

오시리스 신화는 사람이 죽어도 영혼은 영생을 누릴 수 있으며, 죽은 자들의 나라에서 부활 판결을 받으면 몸과 영혼이 재결합할 수 있다고 믿었던 이집트인들의 내세관이 엮어 낸 한 편의 흥미진진한 드라마이다.

고대 이집트의 미라 처리 기술

영원불멸을 소망한 고대 이집트 사람들은 사후에 육신이 원형 그대로 보존되어 있지 않으면 사망할 즈음 분리된 정신과 다시 결합할 수 없으므로 저승에서 부활이 불가능하다고 생각했다. 따라서 고대 이집트에서는 남녀노소 가릴 것 없이 모두 시체를 미라로 처리하여 관 속에 안치했다.

이집트에서 미라 제작은 기원전 3000년에 시작되었으나 미라 처리 기술이 완성된 시기는 기원전 1000년쯤이다. 미라를 제작하는 과정은 기원전 5세기 중반, 그러니까 약 2,400년 전 그리스의 역사가인 헤로도토스(기원전 484~기원후 425)가 저술한 『역사』에 자세히 묘사되어 있다.

초상이 나고 2~3일이 지나면 시체는 방부 처리 전문가에게 건네진

죽은 지 3,200년이 넘은 람세스 2세의 미라

다. 방부 처리사들은 먼저 왼쪽 콧구멍에 쇠갈고리를 쑤셔 넣어 콧부리의 뼈를 부수고 그 구멍을 통해 뇌수를 꺼낸다. 그런 다음 송진을 두개골 속에 집어넣는다. 송진은 두개골과 접촉하는 순간 굳어진다. 이어서 날카로운 돌로 왼쪽 갈비뼈 밑에 구멍을 내고 내장을 들어낸다. 간과 위, 창자, 폐는 꺼내지만 심장은 그대로 둔다. 심장에 마음이 들어 있으므로 육체와 분리될 수 없다고 생각했기 때문이다. 콩팥, 비장, 방광, 여성의 생식기관 따위는 하찮게 여겨 특별한 처리를 하지 않았다.

헤로도토스의 설명은 다음과 같이 이어진다.

> 내장을 다 꺼낸 다음에는 옆구리의 구멍을 종려나무 술로 깨끗이 씻고 짓이긴 향료로 다시 닦아 낸다. 그리고 짓이긴 몰약, 카시아, 유황을 뺀 나머지 향료 등으로 배를 채운다. 그리고 실로 그 구멍을 깁는다. 그 후 시체를 소다석 속에다 약 70일 정도 담가 둔다.

70일쯤 소요된 방부 처리 과정이 완료되면, 시체를 나일 강물에다 씻고, 각종 연료로 닦아 내어 피부를 부드럽게 하고, 마지막으로 장례 침대에 올려놓고 옷을 입혔다. 시체에 붕대를 감는 과정은 손가락을 하나하나 묶는 일부터 시작된다. 붕대에는 가끔 송진을 발랐으며 붕대의 겹겹마다 부적 따위를 집어넣었다. 팔다리에 이어 몸뚱이를 묶은 다음에 마지막으로 머리를 묶었다. 시체를 미라로 처리하는 과정이 완료되면 장례식을 준비 중인 유족들이 넘겨받아 나무 관 속에 넣었다.

미라 처리는 물론 고대 이집트인들의 전유물은 아니다. 방부 처리 풍습은 멕시코와 안데스까지 널리 퍼져 있었으며 우리나라에서도 미라가 발견되고 있다.

냉동 인간은 부활할까

20세기 후반부터 사후에 시체의 부패를 중지시킬 수 있는 여러 방법이 개발되었다. 그런 기술 중의 하나가 인체 냉동 보존술이다. 냉동 보존술은 죽은 사람을 얼려 장시간 보관해 두었다가 나중에 녹여 소생시키려는 기술이다. 인체를 냉동 보존하는 까닭은 사람을 죽게 만든 요인, 예컨대 암과 같은 질병의 치료법이 발견되면 훗날 죽은 사람을 살려 낼 수 있다고 믿기 때문이다. 말하자면 인체 냉동 보존술은 시체를 보존하는 새로운 방법이라기보다는 생명을 연장하려는 새로운 시도라고 할 수 있다.

인체의 냉동 보존을 이론적으로 제안한 최초의 인물은 미국 물리학자인 로버트 에틴거(1918~2011)이다. 1962년 『불멸의 기대』라는 책을 펴내고, 저온생물학의 장래는 죽은 사람의 시체를 냉동시킨 뒤 되살려 내는 데 달려 있다고 주장했다. 특히 액체질소의 온도인 섭씨 영하 196도가 시체를 몇백 년 동안 보존하는 데 적합한 온도라고 제안했다. 그의 책이 계기가 되어 인체 냉동 보존술이라는 미지의 의료 기술이 모습을 드러내게 된 것이다.

1972년 미국에 인체 냉동 보존 사업을 하는 알코어 생명연장재단이 설립되었다. 알코어는 냉동 보존을 희망하는 고객을 '환자', 사망한 사람을 '잠재적으로 살아 있는 자'라고 부른다. 환자가 일단 임상적으로 사망하면 알코어의 냉동 보존 전문가들은 현장으로 달려간다. 그들은 먼저 시신을 얼음에 집어넣고, 산소 부족으로 뇌가 손상되는 것을 방지하기 위해 심폐 소생 장치를 사용하여 호흡과 혈액순환 기능을 복구시킨다. 이어서 피를 뽑아내고 정맥주사를 놓아 세포의 부패를 지연시킨다. 그런 다음에 환자를 알코어 본부로 이송한다. 환자의 머리와 가슴의 털을 제거하고, 두개골에 작은 구멍을 뚫어 종양의 징후를 확인한다. 시신의 가슴을 절개하고 늑골을 분리한다. 기계로 남아 있는 혈액을 모두 퍼내고 그 자리에는 특수 액체를 집어넣어 기관이 손상되지 않도록 한다. 사체를 냉동 보존실로 옮긴 다음에는 특수 액체를 부동액으로 바꾼다. 부동액은 세포가 냉동되는 과정에서 발생하는 부작용을 감소시킨다. 며칠 뒤에 환자의 시체는 액체질소의 온도인 섭씨 영하 196도로 급속 냉각된다. 이제 환자는 탱크에 보관된 채 냉동 인간으로 바뀐다.

알코어의 홈페이지(www.alcor.org)를 보면 "우리는 뇌세포와 뇌의 구조가 잘 보존되는 한, 심장박동이나 호흡

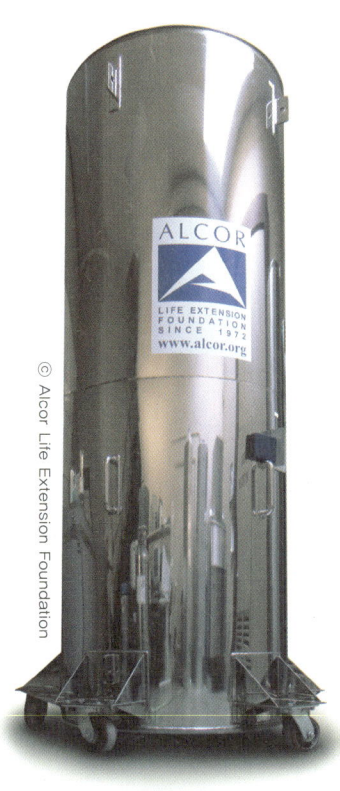

ⓒ Alcor Life Extension Foundation

알코어의 냉동 보존 탱크

이 멈춘 뒤 아무리 오랜 시간이 흘러도 그 사람을 살려 낼 수 있다고 믿는다. 심박과 호흡의 정지는 곧 '죽음'이라는 구시대적 발상에서 아직 벗어나지 못한 사람들이 많다. '죽음'이란 제대로 보존되지 못해 다시 태어날 수 없는 상태일 뿐이다."라고 적혀 있다. 그러나 현대 과학기술은 아직까지 냉동 인간을 소생시킬 수 있는 수준에 도달하지 못한 상태이다.

인체 냉동 보존술이 실현되려면 반드시 두 가지 기술이 개발되지 않으면 안 된다. 하나는 뇌를 냉동 상태에서 제대로 보존하는 기술이고, 다른 하나는 해동 상태가 된 뒤 뇌의 세포를 복구하는 기술이다. 뇌의 보존은 저온생물학과 관련된 반면, 세포의 복구는 나노기술과 관련된다. 말하자면 인체 냉동 보존술은 저온생물학과 나노기술이 결합될 때 비로소 실현 가능한 기술이다.

먼저 저온에서 뇌를 보존하는 기술은 더 말할 나위 없이 중요하다. 사람의 뇌를 냉동 상태에서 보존하지 못한다면 해동 후에 뇌 기능의 소생을 기대할 수 없기 때문이다.

뇌가 해동된 뒤에는 냉동 과정에서 손상된 세포를 수리해야 되므로 나노기술이 기대를 모으고 있다. 나노기술 이론가인 미국의 에릭 드렉슬러(1955~)는 그의 저서 『창조의 엔진』(1986)에서 냉동된 세포나 조직은 세포 수복 기계에 의해 원상 복구될 수 있다고 주장했다. 세포 수복 기계는 나노 크기의 컴퓨터, 센서, 작업 도구로 구성되며 크기는 박테리아와 바이러스 정도이다. 이 나노 기계는 백혈구처럼 신체의 조직 속을 돌아다니고, 바이러스처럼 세포막을 여닫으며 세포 안팎으로 들락거리

적혈구 세포 주변을 돌며 바이러스를 찾고 있는 나노 로봇.
나노 로봇이 뇌세포를 수리하면 소실된 기억을 살려 낼 수 있다.

면서 세포와 조직의 손상된 부위를 수리한다.

나노기술 전문가들은 2030년경에 세포 수복 기능을 가진 나노 로봇이 출현할 것으로 전망한다. 그렇다면 늦어도 2040년까지는 냉동 보존에 의해 소생한 최초의 인간이 나타날 가능성이 크다. 그러나 뇌세포의 수리에 의해 이미 소실된 기억을 다시 살려 내는 일이 쉽지 않을 것이라는 의견도 만만치 않다.

어쨌거나 인체 냉동 보존의 두 필수 요소인 저온생물학과 나노기술이 발전하지 못하면 21세기의 미라인 냉동 인간은 영원히 깨어나지 못한 채 차가운 얼음 속에서 길고 긴 잠을 자야 할지도 모를 일이다.

 저승에 다녀온 사람들

　신화 속에서 신들은 저승을 마음대로 들락거리지만 인간은 그러한 저승 여행이 불가능하다. 그러나 수메르 신화의 길가메시를 비롯해 그리스 신화의 헤라클레스와 오르페우스, 로마 신화의 아이네이아스 등이 저승에 가서 살아 돌아온다. 저승을 다녀온 사람들을 타나토노트라고 한다. 타나토노트는 죽음을 의미하는 '타나토스'와 여행객을 뜻하는 '나우테스'의 합성어이다.

헤라클레스의 저승 여행

　그리스 신화의 위대한 영웅인 헤라클레스는 제우스와 테베의 왕비 사이에 태어났다. 제우스는 테베의 왕이 전쟁터에 나가고 없는 동안에 테베의 왕으로 변신해서 왕비와 동침하여 헤라클레스를 낳은 것이다. 제우스의 아내인 헤라는 갓 태어난 헤라클레스를 죽이려고 거대한 뱀

두 마리를 요람에 풀어 놓았다. 그러나 놀랍게도 태어난 지 겨우 8개월 밖에 안된 헤라클레스는 고사리 같은 손으로 뱀의 목을 졸라 죽였다. 헤라의 적개심은 집요하기 이를 데 없었다. 헤라클레스가 어른이 된 뒤 헤라는 아주 비열한 속임수를 썼다. 헤라클레스를 미치게 만들어 그의 아내와 세 아이를 살해하게 한 것이다. 정신이 되돌아온 헤라클레스는 자신이 저지른 엄청난 일을 깨닫고 델포이로 가서 신탁을 구했다.

 헤라클레스는 델포이의 신탁에 따라 영웅이 아니면 해낼 수 없는 열두 가지의 과제를 처리해야 하는 처지가 되었다. 열두 과제 중에서 마지막 과제가 지하 세계를 지키는 케르베로스를 한낮의 태양 아래로 끌어내는 일이었다. 케르베로스는 머리가 세 개 달린 거대한 개로서, 살아 있는 뱀이 꼬리에 달려 있어서 지옥에 들어오는 사람들에게 꼬리로 인사를 했다. 케르베로스는 지하 세계의 신인 하데스를 모시는 저승의 문지기인데, 죽은 사람들을 지옥으로 들여보내기만 할 뿐 결코 아무도 밖으로 내보내지 않았다. 누구든지 문 근처에 다가가기만 하면 케르베로스

헤라클레스상.
헤라클레스는 영웅이 아니면 불가능한 열두 가지의 과제를 해결하였다.

생명의 한계를 뛰어넘는다 53

는 갈기갈기 찢어 한순간에 꿀꺽 삼켜 버렸다.

하데스는 무한 지옥인 타르타로스에 있다. 타로타로스는 대장간의 청동 모루를 떨어뜨리면 아흐레를 밤낮으로 내려가 10일째 되는 날 아침에야 닿을 수 있을 만큼 깊은 땅속의 지옥이다. 사람이 이승을 하직하고 하데스의 궁전으로 가려면 아케론, 레테, 스틱스 같은 강을 건너야 한다.

첫 번째 강인 아케론은 '비통의 강'이다. 카론이라는 뱃사공 영감이 뱃삯을 받고 소가죽 배로 혼령을 강의 건너 쪽, 곧 피안으로 실어다 준다. 혼령은 지옥의 강을 한두 개 더 건너면 레테, 곧 '망각의 강'에 다다른다. 죽은 자들의 영혼은 살아생전의 기억을 잊기 위해 레테 강에서 물을 마신다. 레테 강을 건너면 혼령은 이승의 추억 때문에 괴로워하지 않게 되고 저승의 백성으로 다시 태어난다. 레테 강을 건너면 벌판이 나오고 지옥의 강 중에서 가장 유명한 스틱스, 곧 '증오의 강'이 나타난다. 아케론과 레테는 스틱스의 지류이다.

스틱스 강을 건너면 벌판 앞에 하데스의 궁전이 보인다. 하데스의 궁전에는 죽음의 신, 잠의 신, 꿈의 신, 노쇠의 신, 거짓말의 신이 있다. 하데스의 오른팔인 죽음의 신 타나토스는 하데스의 명령에 따라 검은 도포 자락을 펄럭이면서 인간의 영혼을 저승으로 데려오는 저승사자이다. 타나토스의 손아귀 힘을 꺾은 영웅은 신과 인간을 통틀어 헤라클레스밖에 없다. 타나토스는 헤라클레스에게 혼이 나서 그의 혼령을 저승으로 데려오는 데 실패한 적이 있었다.

헤라클레스는 열두 번째 과제를 수행하기 위해 저승 세계로 내려갔

지하 세계의 궁전.
저승의 신인 하데스가 앉아 있고 아래에는 케르베로스를 붙잡은 헤라클레스가 보인다.

다. 뱃사공 카론이 돈을 받고 죽음의 강을 건네주었다. 케르베로스가 살아 있는 인간의 냄새를 맡고 헤라클레스에게 달려들 기세였다. 그는 하데스에게 케르베로스를 이승으로 데려가게 해 달라고 말했다. 하데스는 무기를 사용해서는 안 된다는 조건으로 케르베로스를 데려가도록 허락했다. 헤라클레스는 케르베로스의 목을 졸라 항복시키고, 쇠사슬로 묶어서 땅 위로 끌어냈다. 나중에 헤라클레스는 케르베로스의 목에 맨 사슬을 풀어 주었다. 케르베로스는 지하 세계의 어둠 속으로 번개처럼 재빨리 사라졌다.

오르페우스와 에우리디케

그리스 신화의 위대한 음악가인 오르페우스는 가수이자 리라(수금) 연주가였다. 그가 노래하기 시작하면 새들은 지저귐을 멈추고 들짐승들도 온순해졌다. 그는 님프인 에우리디케와 열렬한 사랑에 빠져 결혼했다. 두 사람은 세상에서 가장 잘 어울리고 가장 많이 사랑하는 한 쌍이었다. 어느 날 에우리디케는 리라를 연주하며 노래를 부르고 있는 오르페우스 옆에서 행복에 겨워 춤을 추다가 잠자고 있던 독사를 밟고 말았다. 독사가 그녀의 발을 깨물었다. 뱀의 독이 에우리디케의 혈관을 타고 온몸으로 퍼져 가서 숨을 거두고 말았다.

아내를 잃은 지 10일째가 되자 오르페우스는 어떤 인간도 해 보지 못한 생각을 하게 되었다. 그는 땅속의 지하 세계로 내려가 사랑하는 아내를 찾아오기로 마음먹었던 것이다. 그는 일개 가수였으나 헤라클레스라도 된 듯이 불가능에 도전하기로 결심했다.

오르페우스는 주변의 만류에도 불구하고 저승 세계로 들어가는 입구를 찾아다녔다. 그는 여기저기 묻고 또 물어 헤라클레스가 케르베로스를 잡으러 갈 때 지나간 길을 찾아냈다. 긴 동굴 속으로 나 있는 길을 따라 끝없이 아래로 아래로 내려갔다. 마침내 스틱스 강에 이르렀다. 뱃사공인 카론이 나타나서 자신의 배에 살아 있는 사람은 절대로 태우지 않는다고 소리쳤다. 오르페우스는 리라를 연주했다. 카론은 음침하기만 한 저승 입구에서 한 번도 들어 보지 못한 황홀한 선율에 넋을 잃고 자기도 모르게 저승문 앞까지 나룻배를 저어 갔다. 케르베로스는 살아 있는 사람을 보고 소리를 내질러 댈 뿐이었다. 케르베로스가 하는 일은

티치아노, 「오르페우스와 에우리디케」.
오르페우스와 행복한 나날을 보내던 에우리디케는 독사에게 발뒤꿈치를 물려 죽는다.

저승으로 들어오는 사람을 막는 것이 아니라 저승 세계의 망령이 도망치지 못하게 하는 것이었기 때문이다.

오르페우스는 하데스 앞에 섰다. 살아 있는 사람이 저승 세계로 들어와서 하데스는 몹시 화가 났다. 그러나 오르페우스가 리라를 연주하며 노래를 부르기 시작하자 하데스는 음악에 도취되었다. 저승 세계의 모든 이들이 오르페우스의 음악에 사로잡혔다. 죽은 자들의 영혼도 가슴을 찢어 내는 듯한 노랫소리에 귀를 기울였다. 그런데 죽은 자들 가운데서 젊은 여자 영혼이 갑자기 오르페우스 앞으로 달려 나왔다. 사랑하는 사람의 노래를 듣고 달려 나온 에우리디케였다. 그 순간 저승 세계의 법이 무너졌다. 죽은 자와 산 자는 결코 만날 수 없는데, 에우리디케의 영혼이 살아 있는 오르페우스의 품에 뛰어들었기 때문이다.

아름다운 음악을 연주하는 오르페우스 앞에서 사나운 괴물 케르베로스가 온순해지는 모습을 그린 삽화

하데스는 놀랍게도 이들에게 벌을 내리기는커녕 오르페우스에게 에우리디케를 이승으로 데려갈 것을 허락했다. 하데스는 한 가지 조건을 달았다.

"너와 함께 에우리디케를 보내 주마. 네가 앞장서 가면 그녀는 네 뒤를 따를 것이다. 하지만 너는 햇빛을 보기 전에는 절대로 뒤를 돌아보아서는 안 된다. 지상에 닿기 전에 뒤를 돌아보면 에우리디케는 다시 지하 세계로 돌아오게 될 것이다."

두 사람은 오르페우스가 앞서고 조금 떨어져 에우리디케가 뒤따르면서 저승문을 통과했고, 카론의 배를 타고 스틱스 강을 건너 되돌아 나왔다. 오르페우스는 에우리디케가 뒤따라오고 있는지 궁금해서 견딜 수 없었다. 그런데 오르페우스는 에우리디케의 발소리가 들려오지 않아 케르베로스가 저승문을 통과하지 못하게 했거나, 카론이 배에 태워 주지 않았을지 모른다는 생각이 퍼뜩 들었다. 마침내 햇빛이 희미하게 보이기 시작하자 오르페우스는 에우리디케가 자신의 뒤에 없을 것 같은 불안감에 사로잡혀 고개를 돌리고 말았다. 그 순간 에우리디케의 슬픈 눈망울이 그를 원망하듯 쳐다보았다. 그는 그녀를 껴안으려고 했으나 바람 앞의 불꽃처럼 어두운 지옥으로 사그라지고 말았다.

오르페우스는 7일 동안 스틱스 강가를 서성이면서 카론에게 강을 건너게 해 달라고 애걸복걸했다. 결국 8일째 되는 날 오르페우스는 아내를 찾는 일을 포기하고 고향으로 돌아왔다. 몇 해가 지났건만 오르페우스는 에우리디케 생각뿐이었다. 고향에서 성대한 축제가 열렸는데, 여자들은 오르페우스에게 리라를 연주하고 노래를 불러 달라고 간청했

페테르 파울 루벤스, 「오르페우스와 에우리디케」.
오르페우스는 황홀한 노래로 저승 세계를 감동시키고 에우리디케를 이승으로 데려가도록 허락받는다.

지만 여전히 깊은 슬픔에 젖어 있던 그가 응할 리 만무했다. 거절당한 여자들은 축제가 끝날 무렵 술이 잔뜩 취한 오르페우스를 공격해서 온몸을 갈기갈기 찢어 죽였다.

오르페우스의 영혼은 부리나케 에우리디케가 기다리는 저승으로 달려갔다. 두 사람은 저승에 햇빛도 없고 음악 소리도 없었지만 마냥 행복하기만 했다. 그들은 이제 죽음 따위로 다시 헤어지게 될 일이 없었기 때문에 마음 놓고 영원히 사랑할 수 있었던 것이다.

임사 체험

실존 인물 중에서 지하 세계를 다녀온 이야기를 가장 실감 나게 들려준 사람은 이탈리아 시인인 단테 알리기에리(1265~1321)이다. 그는 죽은 지 1,000년이 넘은 로마 시인 베르길리우스(기원전 70~기원전 19)의 안내를 받아 저승에 다녀온 기록을 『신곡』으로 펴냈다. 베르길리우스는 11년에 걸쳐 장편 서시시인 「아이네이스」를 집필했다. 아이네이스는 '아이네이아스의 노래'라는 뜻이다. 아이네이아스는 로마 신화에서 로마 제국의 기초가 되는 도시를 건설한 영웅이다. 그는 저승에 있는 아버지를 만나고 와서 그의 예언대로 로마를 창건했다.

중세 기독교 시대의 영혼 공간은 지옥, 연옥, 천국의 세 지역으로 나뉜다. 따라서 『신곡』도 지옥 편, 연옥 편, 천국 편의 3부로 이루어졌다.

단테에 따르면 지옥은 지구 표면의 갈라진 틈 안에 있고, 연옥은 지구 표면 위의 산에 위치하고 있으며, 천국의 위치는 항성과 일치한다.

단테는 우리를 중세시대의 내세로 안내한다. 단테와의 여행은 먼저 지옥의 문에서 시작된다. 지옥으로 들어가는 입구에서 단테와 베르길리우스는 '여기 들어오는 너희, 온갖 희망을 버릴진저.'라는 유명한 경고문을 본다. 단테와 베르길리우스는 지옥을 지나 연옥에 다다른다. 지옥이 희망의 무덤이라면 연옥은 희망의 장소이다. 영혼들은 연옥에서 고통을 참아 냄으로써 속죄를 받고 『성경』의 에덴동산, 곧 지상낙원으로 들어갈 채비를 갖춘다. 이 지상낙원에서 단테는 저승으로 돌아가는 베르길리우스와 헤어지고 하늘로 솟아오른다.

단테와 같은 타나토노트는 우리 주변에 의외로 많다. 그러나 무덤 저쪽의 세계는 오랫동안 과학적으로 탐구가 불가능한 영역으로 여겨졌다. 죽은 사람은 말이 없으므로. 따라서 1960년대까지 죽음의 과정을 과학적으로 연구하는 시도는 거의 없었다. 하지만 죽음의 문턱까지 다녀온 사람들이 목숨을 건진 경험담이 학술적으로 연구되면서부터 임사 체험이라는 용어가 등장하게 된다.

미국 정신과 의사인 레이먼드 무디(1944~)가 만든 이 용어는 죽음의 한발 앞까지 갔다가 살아남은 사람들이 죽음 너머의 세계를 엿본 신비스러운 체험을 일컫는다. 말하자면 타나토노트가 아니면 겪을 수 없는 체험담이라고나 할까.

1975년 무디가 펴낸 『삶 이후의 삶』은 1300만 부 이상 팔린 베스트셀러가 되었다. 이 책에서 무디는 사망 선고를 받은 뒤 소생한 환자 150명의 사례 보고서를 제시했는데, 모든 임사 체험에서는 비슷한 요소들이 나타나고 있다는 결론을 내렸다. 무디의 기념비적인 저서를 계기

도메니코 디 미켈리노, 「단테와 세 왕국」

로 사람들은 비웃음을 살까 봐 두려워할 필요 없이 임사 체험을 털어놓게 된다.

무디의 저서에 영감을 받은 심리학자 케네스 링(1936~)은 사고, 질병 또는 자살 기도로 죽음에 가까이 갔던 102명을 면담하고 '임사 체험에 다섯 가지 요소가 똑같은 순서로 발생하는 경향이 있음'을 알아냈다.

1980년 링이 발표한 임사 체험의 다섯 단계는 평화로운 감정, 유체 이탈 경험, 터널 같은 어둠으로 들어가는 기분, 빛의 발견, 빛을 향해 들어가는 단계이다. 각 단계는 평화(60퍼센트), 유체 이탈(37퍼센트), 터널(23퍼센트), 빛 발견(16퍼센트), 빛 관통(10퍼센트)처럼 다음 단계로 넘어갈수록 그 앞 단계에 비해 보고되는 빈도수가 적게 나타났다.

임사 체험자는 마지막 단계에서 아름다운 빛이 가득하고 가끔 황홀한 음악이 들려오기도 하는 별천지에 온 듯한 느낌을 받는다. 죽은 가족이나 친구는 물론이고 빛을 발하는 전능한 존재를 만난다. 전능한 존재와 함께 이승에서의 삶을 되돌아본다. 결국 임사 체험자는 가족을 돌보기 위해서 또는 아직 마무리하지 못한 삶의 목적을 완성하기 위해 육신이 이승으로 되돌아가도록 권유받는다. 중요한 것은 임사 체험자들이 이승으로의 복귀를 별로 달가워하지 않는다는 사실이다. 저승이 낙원이어서일까, 아니면 이승이 고해이어서일까.

1982년 갤럽 조사를 보면 미국의 성인 800만 명, 즉 20만 명에 한 명 꼴로 적어도 한 번 임사 체험을 한 것으로 나타났다. 그러나 많은 과학자들은 임사 체험을 죽어 가는 뇌에서 산소가 결핍되어 발생하는 환각일 따름이라고 일소에 부친다. 물론 환각 이론에 허점이 적지 않다. 먼저 환각은 대개 의식이 있을 때 생기지만 임사 체험은 무의식 상태에서 발생하게 마련이다. 또한 뇌의 산소 결핍으로 발생하는 환각은 혼란스럽고 두려움을 동반하지만 임사 체험은 생생하며 평화로운 감정을 수반한다.

2001년 네덜란드 의료진들은 이러한 환각 이론이 옳지 않음을 입증한 논문을 발표하였다. 심장마비 뒤에 의식을 회복한 평균 62세의 환자

344명 중에서 18퍼센트만이 임사 체험을 보고했기 때문이다. 임사 체험이 뇌의 산소 결핍에서 비롯된 환각이라면 모든 환자가 반드시 임사 체험을 했어야 한다는 뜻이다. 결국 이들의 연구는 임사 체험이 의학적으로 설명하기 어려운 현상임을 재확인한 셈이다.

어쨌든 많은 사람들이 임사 체험은 분명히 존재하는 현상이며, 임사 체험 당사자의 여생을 극적으로 바꾸어 놓는다는 사실에 대해 이의를 달지 않는다. 죽음 너머의 세계를 엿보고 돌아온 타나토노트들은 죽음에 대한 공포를 잊고 내세를 확신하게 됨은 물론이며 물질에 욕심을 덜 내고 타인에 대한 연민 어린 관심을 갖게 되며 삶에 더욱 감사하는 것으로 확인되었다.

임사 체험은 어떤 의미에서 죽음을 두려워하는 사람들에게 훌륭한 위안이 될 수 있다. 뇌가 죽어 갈 때 발생되는 환각으로 고통이나 두려움 없이 평화롭게 생의 종말을 맞이할 수 있다면 축복이 아닐 수 없기 때문이다.

03 영생불멸을 꿈꾸다

영생을 누리는 신들은 특별한 음식을 먹었다. 그리스의 올림포스 신들은 모이면 암브로시아를 먹고 넥타르를 마셨기 때문에 늙지도 않고 영원한 젊음을 즐길 수 있었다.

인도 신화의 신들은 암리타와 소마를 마셨다. 암리타는 인도의 감로이다. 감로는 '하늘에서 내린 달콤한 이슬'을 뜻하며, 중국인들은 감로를 불로장생하는 신선의 음료라고 생각했다. 암리타의 뜻은 '죽지 않는 것'이며 암브로시아와 어원이 같다. 암리타는 힌두 신화에서 생명의 물이다.

소마는 넥타르와 같이 신주(新酒)라고 번역되지만, 양조 과정을 거치는 술이 아니라 즉석에서 복용할 수 있는 환각 물질로 여겨진다.

길가메시의 저승 여행

신처럼 영생을 누리기 위해 불사약을 찾아 나선 최초의 영웅은 수메르 신화의 길가메시이다. 수메르인은 메소포타미아에 최초로 문명을 건설한 민족으로, 기원전 3000년경부터 티그리스 강과 유프라테스 강의 삼각주 유역에 정착했다. 수메르 신화 중에서 가장 유명한 것은 「길가메시 서사시」이다. 「길가메시 서사시」는 기원전 2000년 바빌로니아인이 수메르인의 오래된 이야기를 정리한 것으로, 인류 역사에서 문자로 쓰인 시로서는 가장 오래된 것으로 여겨진다.

길가메시는 기원전 2600년경 우루크 왕국을 126년간 통치했던 왕이기 때문에 그의 이야기는 신화가 아닌 서사시라고 불리지만 그 내용은 신화와 다를 바 없다.

길가메시는 몸의 3분의 2가 신이고 3분의 1은 사람이었다.

길가메시. 수메르 신화의 영웅인 길가메시가 한 손으로 사자를 껴안고 있다.

생명의 한계를 뛰어넘는다

신들은 이 세상의 모든 인간들보다 뛰어난 힘과 용기를 가진 존재로 길가메시를 창조한 것이다. 그러나 길가메시는 우루크 왕국을 포악하게 다스렸고, 고통에 빠진 백성들은 신들에게 길가메시에 맞설 수 있는 힘을 가진 영웅을 보내 달라고 간청했다. 이들의 기도를 들은 창조의 여신은 진흙을 침으로 이겨 만든 엔키두를 내려보냈다. 엔키두는 온몸에 털이 덥수룩하고 머리가 긴 반인반수의 사나이였다.

신들은 엔키두에게 엄청난 힘을 부여했다. 엔키두는 들짐승들을 자신의 혈육처럼 아꼈다. 영양 떼와 같이 풀을 뜯어 먹고 들소와 함께 웅덩이 물을 마셨다. 그리고 사냥꾼이 놓은 덫을 부수고 사로잡힌 동물들을 풀어 주면서 숲 속 동물의 수호자가 되었다. 엔키두 때문에 더 이상 사냥을 할 수 없게 된 길가메시의 신하들은 길가메시에게 엔키두를 응징해 달라고 호소했다.

길가메시는 육체적 쾌락을 모르는 엔키두를 함정에 빠뜨리기 위해 여자를 이용했다. 신전에 있는 아리따운 창기를 뽑아 숲 속의 샘물에서 목욕을 하게 하고, 엔키두가 물을 마시러 오면 유혹하라고 시킨 것이다. 이를테면 미인계를 쓴 셈이다. 미녀에게 마음을 빼앗긴 엔키두는 여섯 날과 일곱 밤 동안 그녀와 깊은 사랑을 나누었다. 이레가 지나서야 엔키두는 여인의 유혹에서 벗어나게 되었지만 이제 모든 것은 달라져 버렸다. 숲 속의 동물들은 엔키두를 보고 두려움에 떨며 도망쳤다. 여자는 엔키두의 가죽옷을 벗기고, 털을 깎고, 기름을 바른 후 길가메시 앞에 세웠다. 반인반신인 길가메시와 반인반수인 엔키두는 자웅을 겨루었으나 도저히 상대를 꺾을 수 없다는 것을 깨닫고 도리어 절친한 친구가 되었다. 둘은 영원한 우정을 맹세한 뒤 함께 모험을 시작했다.

길가메시와 엔키두는 모험을 하던 중에 삼나무 숲을 지키는 거인인 훔바바를 만난다. 훔바바는 사자의 손톱과 콘도르의 발톱이 달려 있는 괴물이었다. 몸은 온통 두꺼운 비늘로 덮여 있고 이마에는 들소의 뿔이 달려 있으며, 머리에는 꼬리와 생식기가 함께 붙어 있었다. 훔바바가 울부짖으면 홍수가 났고, 훔바바의 입에서는 불이 뿜어져 나왔으며, 그의 숨결은 죽음 바로 그것이었다.

길가메시는 엔키두에게 훔바바를 죽이자고 제안했다. 훔바바의 무서운 힘을 알고 있었던 엔키두는 주저하다가 결국 길가메시를 따라나섰다. 길가메시가 도끼로 삼나무를 넘어뜨리자 화가 난 훔바바가 다가왔다. 길가메시가 훔바바의 힘에 밀려 자포자기하려는 순간에 신들은 열세 가지의 바람으로

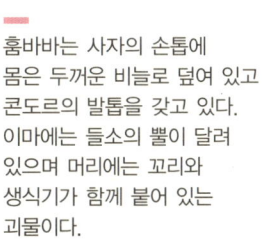
훔바바는 사자의 손톱에 몸은 두꺼운 비늘로 덮여 있고 콘도르의 발톱을 갖고 있다. 이마에는 들소의 뿔이 달려 있으며 머리에는 꼬리와 생식기가 함께 붙어 있는 괴물이다.

훔바바를 강타했다. 그 덕분에 형세를 역전시킬 수 있었던 길가메시와 엔키두는 목숨을 살려 달라고 애원하는 훔바바의 목을 칼로 베고, 그의 머리를 유프라테스 강의 뗏목 위로 내던졌다.

그런데 삼나무 숲은 공교롭게도 예전에 길가메시에게 사랑을 고백했다가 거절당한 여신인 이슈타르의 땅이었다. 격분한 이슈타르는 길가메시를 치기 위해 하늘의 황소를 땅으로 내려보내 우루크 왕국을 공포로 몰아넣었다. 그러나 엔키두는 용감하게 하늘의 황소를 칼로 찔러 죽였다. 신들은 그들이 만들어 낸 피조물에 불과한 엔키두가 훔바바에 이어 하늘의 소까지 죽이자 분노하여 회의를 소집하고, 엔키두에게 죽음을 선고했다. 결국 엔키두는 병으로 쓰러져 날이 갈수록 쇠약해졌고 죽음을 맞았다.

엔키두의 죽음을 지켜본 길가메시는 자신도 엔키두처럼 죽을 수밖에 없는 운명임을 깨닫고 불멸의 생명을 찾아서 모험의 길을 떠난다. 길가메시는 그의 조상인 우트나피시팀이 유일하게 불멸의 생명을 얻었음을 알게 되고 그를 찾아 나선다. 길가메시는 도중에 술집에서 잠시 동안 휴식의 시간을 갖게 되는데, 여주인은 영생을 구하는 것은 덧없는 일이므로 인생을 있는 그대로 받아들이고 즐기면서 살라고 설득한다. 그러나 길가메시가 뜻을 꺾지 않자 우트나피시팀이 명계의 강 건너에 있다고 알려 준다. 이윽고 나룻배를 타고 죽음의 강을 건너서 우트나피시팀을 만나게 된다. 우트나피시팀은 신들로부터 영생을 얻게 된 경위를 설명해 주면서, 신들이 영원한 생명을 자신들의 몫으로 남겨 두고 인간에게는 죽음을 운명으로 부여했다는 사실을 강조한다. 우트나피시팀은 인간이 죽음은 말할 것도 없고 잠조차 이길 수 없는 존재라고 말한다. 그는 길가메시에게 여섯 날, 일곱 밤을 자지 말라고 명했으나 너무나 피곤했던 길가메시는 잠들고 말았다. 길가메시는 잠든 지 7일째 되는 날 깨어났는데, 우트나피시팀의 말대로 잠조차 이기지 못하는 자신에게 실망하여 왕국으로 돌아가기로 마음먹는다. 우트나피시팀은 이별 선물로 사람을 다시 젊게 만드는 약초가 있는 곳을 알려 준다. 길가메시는 바다 밑바닥까지 헤엄쳐 들어가 이 약초를 구해 온다. 그러나 길가메시가 도중에 목욕을 하는 사이에 뱀 한 마리가 물속에서 나와서 그 약초를 재빨리 먹어 버린다. 뱀은 약초를 먹는 순간 허물을 벗고 젊음을 되찾는다. 결국 길가메시는 영생의 길을 찾는 데 실패하고 쓸쓸히 우루크 왕국으로 되돌아온다.

중국 신화의 불사약

중국 신화에도 불사약이 빠질 리 없다. 불사약을 먹으면 영생불멸할 뿐만 아니라 죽은 사람도 살려 낼 수 있다. 불사약에 관한 최초의 기록은 『산해경』에 나온다. 알유의 시체를 가져다가 불사약으로 기사회생시켰다는 구절이 있다. 알유는 모습이 소와 비슷하고 사람의 얼굴과 말의 발을 가졌으며 어린아이의 울음소리를 내는 괴물이었다. 알유는 사람을 자주 먹이로 잡아 삼켰기 때문에 백성들은 그 이름만 들어도 간담이 서늘해졌다. 알유는 그의 신하들에 의해 살해되었으나 불사약으로 다시 살아난 뒤 물속으로 뛰어들어 괴상한 짐승으로 변하였다고 한다.

곤륜산에 살고 있는 서왕모라는 신인이 불사약을 갖고 있었다. 서왕모는 표범의 꼬리에 호랑이의 이빨을 갖고 있고 봉두난발에 옥비녀를 꽂았다. 동굴에 사는 서왕모는 세 마리의 파랑새가 물어다 주는 피투성이의 날짐승과 길짐승을 먹고 살았다. 서왕모는 기분이 좋아지면 동굴 속에서 나와 절벽 위에 서서 길게 휘파람을 불었는데, 그 무섭고 처연한 소리가 산골짜기에 울려 퍼지면 모든 동물들이 자취를 감추었다고 한다.

서왕모는 곤륜산 위의 불사수에 열린 열매를 따서 만든 불사약을 갖고 있었다. 이 불사수는 몇천 년에 한 번 꽃이 피고, 또 몇천 년이 지나서야 열매를 맺었으며, 그 열매의 수가 많지 않아서 불사약은 참으로 희귀한 것이었다. 게다가 서왕모가 있는 곤륜산 근처에는 깊은 강물이 흐르고 불꽃이 타오르는 큰 산이 있었으므로 보통 사람들은 불사약을 구하러 갈 엄두를 내지 못했다.

『산해경』을 보면 영원히 죽지 않는 사람들의 나라가 여러 개 있다. 남방의 황야에 불사민이라는 부족이 살았다. 부근의 산 위에는 불사수가 있고 산기슭에는 샘이 있었는데, 불사수의 열매와 샘물을 먹고 모두가 죽지 않고 오래 살았다.

무계국은 후손을 두지 않고도 국가가 유지되었다. 그들은 동굴 속에 살며 공기만 마시기도 하고, 진흙을 밥으로 삼기도 했다. 남녀의 구별도 없었다. 죽으면 땅속에 매장했는데, 땅속에서도 심장이 멈추지 않고 뛰다가 1,200년이 지나면 부활하여 새로운 삶을 살았다. 이처럼 살다가 죽고, 죽었다가 다시 살아나는 과정을 되풀이했으므로 한 번 죽는 것이 1,200년 동안 긴 잠을 자고 일어나는 것과 마찬가지였다. 결국 그들은 장생불사한 셈이므로 후손을 두지 않고도 국가가 유지될 수 있었던 것이다.

연금술로 불로장생을 꿈꾸다

옛 중국인들은 장생불사하기 위해 갖가지 방법을 궁리했다. 갈홍(283~343)이 펴낸 『포박자』에는 영생을 얻는 비법이 소개되어 있다. 장생불사에 이르는 가장 효과적인 방법은 선약을 먹는 것이었다. 『포박자』에는 선약을 만드는 비방이 자세히 적혀 있다. 예컨대 1만 년을 산 두꺼비와 1,000년을 넘긴 박쥐를 한 마리씩 사로잡아서 그늘에 말린 뒤 가루로 만들어 먹으면 4만 살까지 살 수 있다. 또 풍생수라고 하는 짐승을 잡아서 선약을 만드는 방법이 소개된다. 풍생수는 온몸이 푸른색이고 표범처럼 생겼는데, 몇 수레의 땔감으로 불태워도 털끝 하나 타지 않기 때문에 쇠망치로 수천 번 머리를 내리쳐야 죽일 수 있다. 하지만 풍생수는 죽어서도 입을 벌려 바람이 입안에 가득 차면 금방 살아나므로 얼른 콧구멍을 막아야 한다. 풍생수가 죽은 뒤 뇌수를 꺼내서 국화와 함께 장기 복용하면 500살까지 살 수 있다.

『포박자』에는 선약을 만드는 비법이 적혀 있기 때문에 중국 초기 연금술의 전통을 집대성한 고전으로 평가된다. 연금술은 값싼 금속에서 금과 은 같은 귀한 금속을 만들거나 불로불사의 선약을 만들려는 원시적인 화학 기술이다. 비금속을 귀금속으로 바꾼다는 연금약액, 불로장생의 영약, 만병통치약을 통틀어 엘릭시르라고 한다. 요컨대 연금술사

중국인의 불로장생. 중국의 도인들이 풍류를 즐기면서 수명이 연장되기를 기대한다.

들은 엘릭시르라고 알려진 신비스러운 물질의 도움으로 비금속 같은 불완전한 것을 귀금속 같은 완전한 상태로 변성할 수 있다고 믿었다.

연금술의 역사는 중국이 서양을 앞선다. 연금술에 관한 가장 오래된 기록이 중국에서 발견되었기 때문이다. 기원전 4세기에 활동한 추연(기원전 350~기원전 270)은 최초의 연금술사로 추측된다. 그는 연금술 이론의 초석이 된 음양의 교리와 5행설을 체계적으로 해석한 최초의 철학자로 여겨지는 전설적인 인물이다.

중국인들은 만물이 불·물·나무·금속·흙의 5원소, 곧 5행으로 시작되어 음과 양의 상호작용으로 창조된다고 생각했다. 중국 연금술사들은 음과 양을 정확한 비율로 혼합하면 기저 금속을 금으로 변성시킬 수 있다고 믿었으며, 똑같은 법칙을 사람의 생명을 연장시키는 것에 적용하였다.

추연이 죽은 뒤 연금술은 수백 년 동안 황제들의 마음을 사로잡았다. 몇몇 황제는 연금술사를 황궁 안으로 불러 엘릭시르를 만들도록 했다. 중국 황제들은 금과 수은으로 만든 불사약을 복용했다. 그러나 그들이 섭취한 엘릭시르는 몸에 금속 중독을 일으켰을 따름이다. 황제들은 영생하기는커녕 엘릭시르 중독으로 고통을 받다가 죽음을 맞았다. 엘릭시르 중독은 9세기 이후에 중국 연금술이 쇠퇴하게 된 원인의 하나로 꼽힌다.

4세기부터 9세기까지 황금기를 누린 중국 연금술은 불로장생의 선약을 만드는 데 주력한 반면에, 서양 연금술은 비금속에서 귀금속을 만드는 것이 주된 목적이었다. 서양 연금술사들은 금이 물질 중에서 부패하지 않는 유일한 것이기 때문에 귀하게 여겼다.

연금술 이론은 아리스토텔레스(기원전 384~기원전 322)의 4원소설과 4원성설에 기초하고 있다. 모든 물질은 불·물·공기·흙의 4원소로 이루어졌으며, 4원소는 뜨거움·차가움·건조함·축축함의 네 가지 성질 중에서 각각 두 가지씩을 지니고 있다는 것이다. 연금술사들은 아리스토텔레스의 4원소설을 더욱 확대하여 유황/수은 이론을 내놓았다. 유황과 수은이 각각 다른 비율로 섞여 서로 다른 금속을 만들어 낸다는 이론이다.

서양에서 최초로 연금술이 성행한 곳은 알렉산드리아를 중심으로 하는 헬레니즘 지역이었다. 아리스토텔레스의 철학과 이집트의 금속 기술이 어우러져 출현한 연금술의 목적은 현자의 돌을 찾는 것이었다. 현자의 돌은 천한 금속을 귀한 금속으로 변성시킬 수 있는 것으로서 금의 본질 또는 금의 요소이다. 이 돌은 개념적으로 엘릭시르와 같은 것이라 할 수 있다.

6세기에서 12세기 사이에 연금술은 유럽에서 거의 잊혔다. 그 기간 동안 고대 헬레니즘의 연금술은 이슬람 세계로 건너가 아랍인들에 의해 생생하게 계승되고 발전하였다. 연금술의 영어 용어는 대부분 아랍어에서 유래되었다. 예컨대 알케미(연금술), 엘릭시르, 알코올 등이 모두 아랍어에서 비롯된 용어이다.

아랍에서 발달된 연금술은 12세기에 중세 유럽으로 다시 전해졌다. 그 후 르네상스 시대부터 연금술은 새로운 모습을 갖추기 시작한다. 새로운 연금술을 이끈 인물은 파라켈수스(1493~1541)이다. 그는 연금술에서 가장 중요한 것은 금을 만드는 것이 아니라 약제를 개발하는 것이라고 주장했다. 그를 추종하는 연금술사들은 1500년경 유럽을 휩쓴 매독 치료에 수은을 사용하여 성과를 거두었다. 이를 계기로 16세기에 화학 혁명의 싹이 움트기 시작했다. 천재이며 괴짜인 파라켈수스는 연금술과 현대 화학의 사이에 다리를 놓은 셈이다. 유럽인들은 중국인들과 달리 연금술을 과학으로 격상시킨 것이다.

서양 연금술의 기본 신념을 나타내는 상징의 하나는 우로보로스이다. 연금술에서는 모든 물질은 근본적으로 하나이며 죽음과 재생을 통

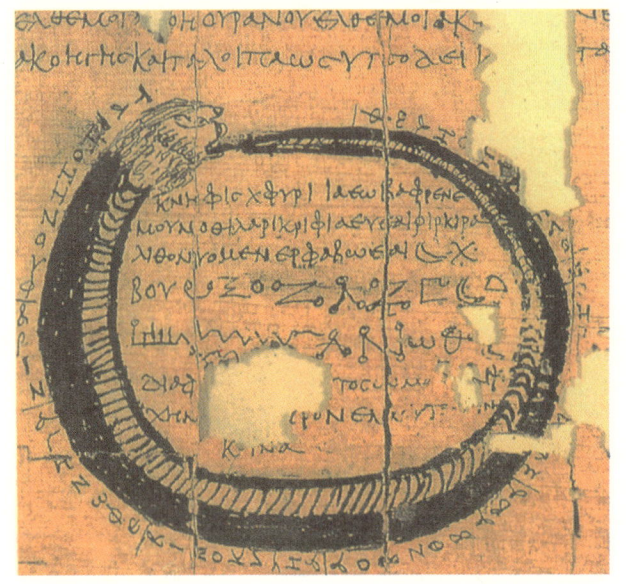

우로보로스. 서양 연금술의 상징 동물인 우로보로스 그림에는 '모든 것은 하나에, 하나는 모든 것에'라는 뜻을 지닌 그리스어 문장이 쓰여 있다.

해 완전하게 될 수 있다는 신념을 갖고 있다. 연금술사들은 이러한 신념을 나타내기 위해 우로보로스를 상징으로 삼은 것이다. 우로보로스는 자신의 꼬리를 물고 있는 뱀으로, 그 이름의 뜻은 '제 꼬리를 먹는 것'이다. 말하자면 '끝은 곧 시작'이라는 의미이다. 이 뱀은 끝도 없고 시작도 없다. 스스로 자신을 먹어 치우고, 자신과 짝짓기하고, 자신을 새로 만들어 낸다. 우로보로스가 만드는 원은 생명과 죽음, 창조와 파괴가 끝없이 순환하는 과정을 상징한다.

우로보로스를 그린 그림에는 으레 '모든 것은 하나에, 하나는 모든 것에'라는 뜻을 지닌 그리스어가 쓰여 있다. 이 문구는 연금술의 표어로 널리 사용되었다.

01 인어는 살아 있다

신화에는 인간의 상상력이 만들어 낸 동물이 시나브로 등장한다. 상상 동물들은 세계가 창조되는 창세신화에서 신의 상대역으로 나타나거나, 꿋꿋한 의지를 가진 인간의 모험담인 영웅신화에서 사람의 맞수로 나서기도 한다.

상상 동물은 뱀, 새 또는 물고기처럼 우리에게 익숙한 동물들도 적지 않지만 대부분 서로 다른 종류의 동물들끼리 기묘하게 결합된 잡종 동물들이다.

중국의 인어

중국의 신화집인 『산해경』에는 인간의 상상력이 만들어 낸 별난 동물들이 수없이 등장한다. 사람의 얼굴에 물고기의 몸을 갖고 있으며 손과 발이 달려 있어 사람과 비슷한 동물도 몇 군데 소개된다. 이러한 반인

존 윌리엄 워터하우스, 「인어」.
인어는 허리 위는 사람이고 허리 아래는 은빛 비늘의 물고기인 반인반어이다.

반어는 인어, 적유, 능어 등으로 불린다.

용후산이라는 곳에서 흘러나온 물속에는 인어가 많았다. 네 개의 발이 있고 소리는 어린애가 부르짖어 우는 것 같았다. 이것을 먹으면 어리석음 증세가 없어진다고 했다.

청구산이라는 곳에서 흘러나온 물속에는 적유가 많이 살았다. 생김새는 물고기 같으나 사람의 얼굴을 하고 있고 소리는 원앙새와 같았다. 이것을 먹으면 옴에 걸리지 않는다고 했다.

능어는 유명한 여자 무당이 타고 다녔다는 용어와 동일한 동물이다. 뿔이 하나 달린 용어는 다리가 네 개였으며 도롱뇽을 닮았는데, 본래 성질이 매우 포악했다. 능어는 등과 배에 삼각형 모양의 뾰족한 가시가 돋아 있어 적과 싸울 때 무기로 사용했다. 몸집이 워낙 커서 배 한 척을 꿀꺽 삼켜 버릴 수 있을 정도였다. 그래서 능어가 바다 위로 떠오르면 큰 파도와 바람이 일었다. 바다와 땅에서 사는 양서류였으므로 여자 무당이 타고 들판을 돌아다녔다고 한다.

인어에 대한 기록은 다른 옛 문헌에도 나타난다. 320년경 육조 동진 때의 역사가인 간보가 편찬한 『수신기』에 나오는 교인 역시 인어의 일종이다. 이 책은 귀신, 외계인, 점술, 무속, 기적 등 불가사의한 이야기 500여 가지를 모아 놓은 괴기소설집이다.

교인은 바닷속에 살았지만 자주 베틀에 앉아 옷감을 짜곤 했다. 그래서 파도가 잔잔하고 별빛만이 흐르는 깊은 밤에 바닷가에 서 있으면 간혹 깊은 바닷속에서 교인들이 옷감 짜는 소리가 들려왔다고 한다. 교인은 사람처럼 감정이 있어 울기도 했는데, 교인의 눈에서 흐르는 눈물

방울은 모두 빛나는 진주가 되었다고 한다. 교인은 인가에 머물면서 사람들에게 비단을 판 뒤에 바다로 돌아갈 때에는 집주인에게 그릇 한 개를 달라고 해서 그 안에 눈물을 흘려 구슬이 가득 차면 선물로 주었다고 한다.

981년 송나라 황제의 칙명으로 편찬된 『태평광기』에도 인어가 나온다. 이 책은 신선, 기인, 도술 등에 관한 야사와 전설이 500종 가까이 수록된 500권 분량의 방대한 설화집이다. 『태평광기』에는 "인어는 사람같이 생겼는데 눈썹·눈·입·코·손톱이 모두 아름다운 여인이다. 살결은 옥같이 희고 머리털은 말 꼬리처럼 치렁치렁하며 길이는 5~6척이다. 술을 조금만 마시면 몸이 복숭아꽃 같은 분홍빛이 되어 더욱 아리따웠다. 그래서 바닷가에서 아내나 남편을 잃은 주민들은 그들을 잡아다가 연못 속에 기르며 자신의 아내나 남편으로 삼았다."라고 묘사되어 있다.

그리스의 세이렌

인어는 그리스 신화에서 세이렌이라는 이름을 얻는다. 기원전 10세기에 쓰인 호메로스의 『오디세이』에는 트로이를 정복한 오디세우스가 고향으로 돌아가는 길에 여러 괴물들의 공격을 받는 이야기가 나오는데, 세이렌이 그런 괴물 중의 하나이다.

세이렌은 아름다운 여자의 얼굴에 독수리의 몸을 가진 '새-여자'이다. 암초와 여울목이 많은 곳에서 3~8마리씩 떼를 지어 살며 노래로 뱃사람을 유혹하였다. 세이렌의 노래를 들은 선원은 누구나 그 노랫소리에

존 윌리엄 워터하우스, 「세이렌」. 인어는 그리스 신화에서 세이렌이라는 이름을 얻는다.

매혹당해 바닷속으로 뛰어들고 싶은 충동을 느끼게 되고, 결국 목숨을 잃었다.

오디세우스는 세이렌이 살고 있는 섬이 나타나자 동료들의 귀를 밀초로 막아 노랫소리를 듣지 못하게 하였다. 오디세우스 역시 동료들에게 자신을 돛대에 기대어 세우고 손발을 묶은 뒤 매듭을 힘껏 잡아당기게 하였다. 그는 동료들에게 세이렌의 섬을 통과하기까지는 무슨 말을 하더라도 결코 풀어 주어서는 안 된다고 명령했다. 오디세우스 일행이 세이렌의 섬에 가까이 가자 평온한 수면 위로 매우 고혹적인 노랫소리가 들려왔다.

"위대한 오디세우스여, 여기서 쉬면서 달콤한 음악을 들으세요. 우리 노래를 들으려고 가까이 다가오지 않는 사람은 아무도 없었어요."

세이렌의 아름다운 노래에 심취한 오디세우스는 동료들에게 밧줄을 풀어 달라고 애원하였다. 그러나 그의 동료들은 처음 명령에 따라 그를 더욱 단단히 묶고 항해를 계속했다. 그 뒤 세이렌의 노랫소리는 점점 약해졌고, 마침내 오디세우스 일행은 세이렌의 유혹으로부터 벗어날 수 있었다.

인어는 대부분 암컷이며, 수컷은 그리스 신화에 등장하는 트리톤 말고는 없다. 트리톤은 바다의 신인 포세이돈의 아들이다. 바닷속 황금 궁전에 사는 트리톤은 소라고둥을 불며 시간을 보낸다. 소라고둥 소리는 세상 끝까지 울려 퍼진다. 트리톤은 미친 듯이 날뛰는 파도를 진정시킬 때 소라고둥을 불었다. 또 아버지의 오륜 전차를 수행할 때는 소라고둥을 불어 전차가 나아가는 것을 알리는 나팔수 노릇을 했다.

한때 로마 함대의 사령관이었던 플리니우스(23~79)는 『박물지』에 수컷 인어를 여러 차례 보았다고 기록했다. 596년에는 두 마리의 트리톤이 나일 강에서 목격되기도 했다. 북아메리카의 인디언들은 그들이 아시아 대륙으로부터 바다를 건너올 때 수컷 인어들이 길잡이를 했다고 믿고 있다.

인어를 본 사람이 많다

세이렌은 기독교 신앙을 정당화하는 데 이용되었다. 『오디세이』에서 오디세우스의 모험은 기독교 신자가 구세주를 찾아가는 여정으로 해석되었는데, 오디세우스는 인간의 영혼, 바다는 지상의 삶, 배는 교회, 오디세우스의 고향은 영생을 의미했다. 말하자면 인간의 영혼(오디세우스)이 지상의 삶(바다)에서 교회(배)를 통해 영생(고향)에 이르게 된다는 것이다. 이러한 여정에서 오디세우스는 수많은 어려움을 겪게 되는데, 세이렌은 그중의 하나를 상징한다고 여겨졌다.

세이렌은 200년경에 출간된 『피지올로구스』에 등장한다. 피지올로구스는 '자연에 대해 박식한 자'라는 뜻이다. 『피지올로구스』는 저자가 누구인지 밝혀지지 않은 채 생물의 속성과 기독교 신앙 사이의 상징적 관계를 묘사해 놓은 기독교 동물 상징 사전이다. 이 책에서 세이렌은 "머리에서 배꼽까지의 상체는 여자의 몸뚱이요, 나머지 몸체는 새의 형상을 하고 있다."라고 묘사되었다. 또 세이렌은 "바다에 살면서 죽음을 부르는 존재이다. 그러나 뮤즈의 여신들처럼 곱고 달콤한 목소리로 노래

허버트 드래퍼, 「율리시스와 세이렌」.
율리시스(오디세우스)는 세이렌의 유혹을 벗어나기 위해 자신의 몸을 돛대에 결박하였다.

한다. 뱃길을 가다가 세이렌이 부르는 노래를 듣는 사람은 제풀에 바다에 몸을 던져서 죽음을 택하고 만다."라고 설명하여 『오디세이』의 세이렌 신화를 뒷받침했다.

로마의 플리니우스가 펴낸 『박물지』에는 스페인 남부 해안에서 목욕하던 세이렌이 슬픈 노래를 불렀다는 대목이 나온다.

세이렌이 여러 차례 붙잡혔다는 기록을 보면 실제로 존재할는지도 모른다. 1403년 가을 네덜란드에서 거대한 파도가 방파제를 무너뜨리고 그 지역 일대에 범람했다. 물속에서 매우 더러운 알몸의 여인을 발견했다. 아무도 그녀의 말을 알아듣지 못했고 그녀 역시 네덜란드어를 이해하지 못했다. 사람들은 그녀를 씻기고 옷을 입혔다. 바다에서 온 그 여인은 양털 잣는 일을 배우고 십자가 앞에서 무릎 꿇고 기도할 줄도 알았다. 그녀는 15년 동안 살면서 여러 차례 탈출을 시도했다. 인어로 여겨진 바다 여인은 교회 묘지에 묻혔다.

18세기 초, 보르네오 해안에서는 푸른 눈에 물갈퀴 손을 가진 인어가 붙잡혔다. 인어를 물탱크에 가둬 놓았는데, 생쥐처럼 찍찍 울며 고양이 똥 같은 배설물을 내놓았다. 아무것도 먹지 않던 인어는 나흘 뒤 굶어 죽고 말았다.

18세기 중반에는 프랑스의 철학자가 파리에 나타난 바다 여자를 묘사한 글을 남겼다.

> 1758년 사람들은 물을 가득 채운 커다란 수족관에서 사는 바다 여자를 보게 된다. 그녀는 생기가 넘치고 민첩했으며 두 다리는 무

척 길었다. 사람들이 빵이나 작은 물고기를 던져 주면 손으로 받아먹었다. 그녀의 피부는 거칠었고, 뒷덜미에서 목, 등까지 비늘이 조금 나 있었을 뿐, 대체로 민머리를 하고 있었다. 하반신은 비늘로 덮인 물고기 꼬리로 되어 있는데, 꼬리의 끝 부분은 활짝 펼쳤을 때는 꽃받침과 비슷했다.

그 밖에도 인어가 남자와 결혼했다는 이야기가 전해 내려오는가 하면 심지어 사람의 아기까지 낳았다는 전설도 있다.

현대판 세이렌의 전설은 낭만주의의 전성기인 1835년 덴마크의 동화 작가인 한스 크리스티안 안데르센(1805~1875)에 의해 만들어졌다. 그해에 동화인 「인어공주」가 발표되었기 때문이다.

> 바다 깊은 곳에는 바다의 왕이 다스리는 나라가 있었습니다. 왕궁의 벽은 산호로, 유리창은 호박으로 만들어졌습니다. 왕에게는 딸이 여섯 있었는데, 그중 막내가 가장 예뻤습니다.

막내인 세이렌은 왕자를 사랑하게 된다. 왕자와 결혼하기 위해 사람이 되려고 마녀에게 물고기 꼬리를 두 다리로 만들어 줄 것을 간청한다. 왕자를 위해 고통을 감수하는 세이렌의 슬픈 이야기는 현대인에게 세이렌의 신화를 부활시킨 방아쇠 역할을 한다.

매너티와 듀공

인어를 목격했다는 보고가 끊이지 않는 이유 가운데 하나는 해우(바다소) 때문이다. 바다소는 물고기가 아니라 바닷속에 사는 포유동물이다. 그들이 지상을 떠나 수중에서 해초를 먹고 사는 초식동물이 된 이유는 아직 밝혀지지 않았다. 수중 생활을 시작하면서 앞발은 짧고 유연한 지느러미로 바뀌었으며, 뒷발은 퇴화하고 그 대신 널따란 꼬리가 진화되었다. 바다소에는 매너티와 듀공이 있다.

1493년 이탈리아의 탐험가인 크리스토퍼 콜럼버스(1451~1506) 일행은 신대륙에서 세이렌을 보았다고 주장했는데, 그들이 본 것은 매너티임이 틀림없는 것으로 여겨진다.

매너티는 크기가 작은 암소만 하며, 물개처럼 생겼고, 해안이나 강 하구에서 눈에 띈다. 매너티는 인어처럼 아름답지는 않지만, 머리가 사람처럼 생기고 작은 팔과 비슷한 지느러미, 겨드랑이 쪽에 나 있는 젖가슴, 편편한 다리 때문에 인어로 착각할 만도 했다. 간혹 머리에 미역 줄기를 이고 나타나면 치렁치렁한 머리카락을 어깨에 늘어뜨린 여인의 모습 같아 보이기도 했다.

매너티가 바다의 초식동물이 된 데에는 두 가지 특성을 가졌기 때문으로 보인다. 첫째, 이빨이 끝없이 새로 나는 것으로 확인되었다. 이빨이 닳아서 못 쓰게 되면 금방 새것이 돋아나서 바다 깊숙이 자라는 해초를 잘 씹어 먹을 수 있다. 둘째, 대사 속도가 비정상적으로 느려서 7개월까지 아무것도 먹지 않고 견딜 수 있다. 움직임 역시 빠르지 않다. 놀랄 만큼 느릿느릿 움직여서 최고 속도가 시간당 15마일밖에 되지 않

바다소인 매너티 암컷이 새끼와 함께 물속에서 빈둥대고 있다.

는다.

암컷은 세 살이 되면 성적으로 완숙해서 20년 이상 새끼를 낳는다. 2~3년마다 새끼 한 마리를 낳는데, 가끔 쌍둥이도 생긴다.

매너티는 본질적으로 혼자서 지내는 동물이다. 그러나 암컷이 발정기가 되면 6~20마리의 수컷과 어울린다. 암컷은 여러 마리의 수컷과 짝짓기를 한 뒤 1년이 지나면 새끼를 낳을 장소를 물색한다. 어미는 새끼를 적어도 1년 동안 돌보며 함께 지낸다. 어미가 젖을 뗀 뒤에도 1년 가까이 새끼와 함께 사는 경우도 있다.

매너티는 서식지에 따라 세 종류로 나뉜다. 서인도제도 매너티, 서아프리카 매너티, 아마존 매너티를 말한다. 수명은 60년 정도이지만 사람들이 식용과 의약용으로 마구 잡아들여 멸종 위기에 처해 있다.

매너티의 친척인 듀공 역시 인어로 착각할 만한 모양을 지니고 있다. 듀공은 매너티와 생김새가 비슷하지만 입의 위치나 지느러미의 모양이 다르다. 매너티의 입은 얼굴 전면에 있지만, 듀공의 입은 얼굴 아랫부분에 위치한다. 매너티의 꼬리지느러미는 둥그렇게 생겼지만, 듀공의 지느러미는 고래의 꼬리처럼 보인다.

듀공은 동아프리카 해안에서 인도네시아, 오스트레일리아, 뉴기니, 필리핀 등 서태평양 지역까지 서식한다.

듀공의 고기는 송아지나 돼지고기 맛이 나서 식용으로 인기가 높아 매너티처럼 멸종 위기에 직면해 있다.

 ## 거미와 누에로 변신한 사람들

그리스의 신 중에서 지혜의 여신인 아테나는 신보다 사람이 되는 편이 나았을 거라고 여겨질 정도로 인간에게 유용한 선물을 안겨 주었다.

아테나는 인간 세상에서 대부분의 시간을 보내면서 힘든 노동에 시달리는 인간들의 짐을 덜어 주는 기술을 창안했다. 들판에서 여자들이 괭이로 땅을 파고 씨를 심는 모습을 보고 쟁기를 발명해서 짐승들로 하여금 밭을 갈게 했다.

아테나와 아라크네의 승부

아테나는 가정주부들에게 요리를 가르치고, 조리 기구를 발명했다. 물레와 베틀을 발명해서 실을 뽑아 옷감을 짜고 수를 놓는 기술을 가르쳤다. 아테나 자신도 짬을 내서 혼자 베틀에 앉아 손수 베를 짜고 수를 놓으며 온갖 시름을 잊곤 했다. 부지런한 그녀는 비길 데 없이 훌륭한 솜씨로 옷을 만들어 신뿐만 아니라 인간에게도 선물로 주었다. 여자들은 이 세상의 어느 누구도 아테나의 솜씨를 따라갈 수 없다는 사실을 의심하지 않았다.

그런데 리디아 왕국에 옷감 짜는 솜씨가 아테나만큼 빼어난 처녀가 있었다. 이름은 아라크네였다. 그녀는 초라한 집안에서 태어나 오두막에 살고 있었지만 거미줄만큼 가늘게 실을 뽑아 아름다운 옷감을 짰기 때문에 세계 곳곳의 왕족은 물론 산과 강의 요정들까지 베 짜는 손재주를 구경하려고 몰려들었다.

로마의 시인인 오비디우스(기원전 43~기원후 18)는 『변신 이야기』에서 아라크네의 손놀림을 다음과 같이 소개하였다.

> 일머리에 거친 실을 실꾸리에다 감는 것이라든지, 손가락을 빗 삼아 실을 빗어 구름 같은 털실의 거스러미를 털어 내고 끊임없는 잔손질로 긴 실타래를 뽑아내는 것이라든지, 엄지손가락으로 날씬한 북을 다루는 것이라든지, 준비가 다 된 베틀에 앉아 무늬를 짜 넣는 모습은 자체가 더할 나위 없이 좋은 구경거리였다.

아라크네는 뛰어난 재주를 가진 사람들이 흔히 그렇듯이 겸손의 미덕을 갖추지 못했다. 그녀는 교만이 지나쳐 자신의 솜씨가 아테나 여신보다 낫다고 거들먹거렸다. 이 소문을 들은 아테나는 백발 노파로 둔갑하여 그녀를 찾아가서 충고를 아끼지 않았다.

"나이를 먹은 사람은 본 것 들은 것이 많은 법이니 내 말을 명심하시

크레타 섬에서 발견된 이 베틀은 21세기에도 여전히 사용되고 있다.

아라크네가 아테나만큼 뛰어난 직물 솜씨를 자랑하자
아테나는 아라크네를 거미로 만들어 영원히 실을 잣게 했다.

구려. 인간만을 상대로 겨룬다면 그대가 가장 솜씨가 좋은 사람임에는 틀림이 없소. 하지만 아테나 여신은 다르지요. 당신의 상대가 아니라오. 그러니, 잘못 생각했다고 여신께 용서를 구하시구려."

그러나 아라크네는 노파를 비웃으며 빈정댔다.

"할머니가 너무 오래 사셔서 망령이 나셨나 보군요. 그런 말을 듣고 내 마음이 달라질 줄 아세요? 아테나는 자기가 질 것을 알기 때문에 감히 얼굴을 내밀지 못하는 거랍니다."

"여기 내가 왔으니 한번 겨뤄 보자꾸나!"

아테나는 늙은 여인의 모습을 벗고 아름다운 본모습을 드러냈다. 이윽고 시합이 시작되었다. 『변신 이야기』에는 다음과 같이 묘사되어 있다.

여신과 아라크네는 방 이쪽저쪽에 놓인 베틀에 올라가 날실을 걸었다. 둘 다 부티를 허리에 감고 잉아에 날실을 꿴 다음 재빠른 손놀림으로 씨실을 북에다 물려 날실 사이로 밀어 넣었다. 씨실에 날실이 지날 때마다 바디가 이 씨실을 쫀쫀하게 짰다. 옷을 걷어 올려 젖가슴을 질끈 동여매고 여신과 처녀는 있는 힘과 기를 다해 베를 짰다.

날실은 베의 세로 방향의 실이고, 씨실은 베를 가로 건너 짜는 실이다. 부티는 베틀의 말코 두 끝에 끈을 매어 허리에 두르는 넓은 띠를 가리킨다. 잉아는 베틀의 날실을 끌어 올리도록 맨 굵은 줄이다. 바디는 베틀에 달린 기구로서 베실을 낱낱이 꿰어 차는 구실을 한다. 바디는 대를 쪼개어 잘게 깎은 꽂이, 곧 댓개비로 만든다.

아테나는 올림포스 12신들의 위풍당당한 모습을 여러 가지 색실로 베 폭에 짜 넣었다. 그러나 아라크네는 신들의 나약하고 비열한 행동을 조롱하는 그림을 잔뜩 짜 넣었다. 신들을 모욕하는 그림을 본 순간 아테나의 인내심이 한계에 도달했다.

"너의 솜씨는 흠잡을 수 없이 완벽하구나. 하지만 어쩔 수 없다. 너에게 진짜 기술이란 오만이 아니라 겸손한 마음에서 나오는 것임을 가르쳐 주기 위해 네가 짠 천을 찢어 버릴 수밖에 없다."

아라크네는 자신이 짠 천 조각이 갈기갈기 찢겨 흩날리는 모습을 보면서 깊은 치욕을 느끼고 들보에 목을 매려 했다. 아테나는 아라크네를 가엾이 여겨 올가미의 매듭을 풀어 주며 말했다.

"지금부터 너와 네 후손은 영원히 줄에 매달려 실을 뽑고, 그물이나 짜면서 살게 될 것이다."

이 말이 끝나자마자 아라크네는 거미로 변했다. 『변신 이야기』는 사람이 거미로 바뀌는 모습을 다음과 같이 묘사했다.

> 아라크네의 머리에서는 머리카락이 빠지면서 코와 귀가 없어졌다. 머리는 눈에 잘 보이지도 않을 만큼 줄어들었다. 이와 함께 몸통도 아주 조그맣게 줄어들었다. 갸름하던 손가락은 양옆으로 길어져 다리가 되었다. 나머지 부분은 모두 배가 되었다. 아라크네는 꽁무니로 실을 내어놓기 시작했다.

페테르 파울 루벤스, 「아테나로부터 벌을 받는 아라크네」.
아테나 여신이 베를 짜는 북으로 아라크네를 내리치자 거미로 변하기 시작한다.

아라크네는 오늘도 가느다란 줄에 매달려 끝없이 그물을 짜고 있다.

누에가 된 소녀

중국의 신화 자료집인 『산해경』에는 세 그루의 뽕나무에 관한 대목이 나온다. 뽕나무는 키가 100길이며, 가지는 없고 줄기만 있었다. 뽕나무 가까운 곳에서 한 여인이 무릎을 꿇고 앉은 채 실을 토해 냈다. 입에서 끝없이 가늘고 기다란 실을 토해 낸 이 여인은 누에의 신, 곧 잠신이었다. 잠신의 몸에는 도저히 떼어 낼 수 없는 말가죽이 붙어 있었다. 말가죽의 양쪽 가장자리를 잡아당겨 몸을 감싸면 그 즉시 잠신은 말 모양의 머리를 가진 한 마리의 누에로 바뀌었다.

잠신은 본래 용모가 아름다운 소녀였다. 소녀의 아버지는 먼 길을 떠나 오랫동안 집을 비웠고 말 한 마리가 있을 뿐이었다. 어린 딸은 아버지가 그리워서 말에게 먹이를 주면서 중얼거렸다.

"네가 아버지를 모시고 온다면 너에게 시집이라도 갈 텐데."

말은 그 말을 듣자마자 마구간을 뛰쳐나가서 소녀의 아버지가 있는 곳으로 달려갔다. 천 리 밖의 타향에 머물던 소녀의 아버지는 말을 타고 집으로 돌아왔다. 아버지는 딸의 마음을 헤아려 준 말에게 더 좋은 사료를 먹였다. 그러나 말은 먹이를 본체만체하고 소녀를 향해 줄기차게 소리를 지르며 날뛰었다. 아버지는 딸로부터 자초지종을 듣고 경악했다. 말을 사위로 삼을 수는 없었기 때문에 마구간에서 화살을 쏘아 말을 죽이고 말 껍질을 벗겨 마당에 널어 두었다.

어린 딸은 친구들과 놀다가 말가죽을 발로 걷어차며 욕을 했다.

"이 못된 짐승아, 감히 나를 마누라로 욕심내다니. 천벌을 받아 가죽이 벗겨진 꼴을 보니 고소하구나."

소녀의 말이 끝나기도 전에 그 말가죽은 날아올라 소녀를 뒤집어씌운 다음에 눈 깜짝할 사이에 아득히 먼 들판 저쪽으로 바람처럼 사라져 버렸다. 아버지는 딸 친구들의 말을 듣고 딸을 찾아 헤맸으나 헛수고였다. 며칠 뒤에 아버지는 나뭇잎 사이에서 온몸이 말가죽으로 둘러싸인 딸을 찾아냈다. 아름다운 소녀는 꿈틀거리는 벌레로 변해 있었다.

중국의 위앤커(1916~2000)가 지은 『중국신화전설』(1984)에는 그 벌레가 다음과 같이 묘사되어 있다.

> 그 벌레는 말 모양의 머리를 천천히 흔들면서 입에서 희게 빛나며 기다랗고 가는 실을 토해 내 사방의 나뭇가지를 휘감는 것이었다. 호기심에 찬 사람들이 모여들어 그 광경을 보고는 실을 토해 내는 이 이상한 생물을 누에라고 불렀으니, 그녀가 토해 낸 실이 그녀 자신을 휘감는다는 뜻이었다.

어린 딸은 물론 잠신이 되었고 말가죽은 그녀의 몸에 찰싹 달라붙어 영원히 떨어지지 않는 반려자가 되었다. 말은 죽어서 가죽으로나마 소녀와 한 몸이 된 것이다.

누에의 실로 짜낸 비단은 하늘의 구름처럼 가볍고 흐르는 물결처럼 부드러워 모시나 삼베와는 비교할 수 없을 정도였다. 이 비단으로 옷을 만들어 황제와 황후의 예복으로 사용했다. 고대 중국의 부녀자들은 뽕을 따고 누에를 기르고 옷감을 짜는 솜씨가 뛰어났다.

거미줄로 낙하산을 만든다

거미는 꽁무니에서 명주 모양의 실크를 분비한다. 거미의 실크는 누에의 명주실처럼 비단옷의 재료로 개발되지 못했지만 보기 드문 특성을 지니고 있다.

아침 이슬로 반짝이는 거미줄을 보면 금방 끊어질 것처럼 약해 보인다. 그러나 같은 무게로 견줄 때 강철보다 다섯 배 정도까지 튼튼하며 방탄조끼 소재로 쓰이는 합성섬유인 케블라보다 질기다. 케블라는 높은 압력에서 황산처럼 위험하고 환경을 오염시키는 원료로 제조되는 반면에 거미 실크는 상온상압의 조건에서 천연 원료로 생산되며 케블라와 달리 생물 분해성이 있다. 미생물에 의해 해롭지 않은 물질로 분해되는 특성을 생물 분해성이라 한다. 요컨대 거미 실크는 합성섬유의 환경오염 문제를 해결하는 대안이 될 수 있다.

거미 실크를 활용하려는 시도는 고대 그리스 시대부터 시작된다. 그리스인들은 상처의 출혈을 멈추기 위해 거미줄을 상처 부위에 대고 눌렀다. 뉴기니에서는 낚싯줄이나 고기잡이 그물에 거미줄을 꼬아 넣었다. 남태평양에 소재한 바누아투 군도의 원주민들은 거미줄을 담배나 화살촉의 쌈지를 만들 때는 물론이고 간통한 여인네를 질식사시키기 위해 덮는 뚜껑의 재료로 사용했다.

1700년대 초 프랑스에서는 거미줄로 짠 양말이 학술원에 제출되었으나 채택되지 못했다. 거미 실크가 너무 가늘어 옷감의 재료로는 부적합하다는 것이 그 이유였다. 어미 거미는 대개 1분에 5~6피트의 실크를 분비한다. 따라서 5,000마리가 수명을 다할 때까지 뽑아내는 실을 모두 합쳐야 겨우 옷 한 벌을 짤 수 있다.

거미 실크는 경제성 측면에서 사용 가치가 없었으나 유전공학의 발달에 힘입어 대량생산의 길이 트이게 되었다. 거미줄의 인공 합성에 가장 투자를 많이 한 기관은 미국 육군이다. 군수용품에 필요한 신소재의 하나로 거미 실크에 기대를 걸었기 때문이다.

1989년 거미 실크의 단백질을 만드는 유전자가 발견되면서부터 강철 못지않은 생물 재료라는 의미에서 '생물 강철'이라 불리는 거미줄을 산업화하는 방법이 다각도로 개발되었다.

거미줄의 생산 공장으로 가장 유망한 것은 흥미롭게도 누에이다. 거미 실크의 단백질을 합성하는 유전자를, 누에의 명주실을 분비하는 조직으로 집어넣으면 결국 누에가 거미줄을 대량으로 합성하게 될 것이라는 발상이다.

1999년 캐나다에서는 거미 유전자를 염소의 유방 세포 안에 넣어서 염소가 젖으로 거미줄 단백질을 대량 분비하게 만드는 작업에 성공했다. 생물 강철을 생산하는 염소가 나타난 것이다.

2001년 거미 실크 유전자를 담배와 감자의 세포 안에 삽입하여 식물의 잎에서도 거미줄 단백질이 나오게끔 했다.

인공 거미줄이 생산되면 예상되는 용도는 한두 가지가 아니다. 이를

거미 1백만 마리로부터 실크를 얻어 80여 명이 4년 걸려 가로 3.3미터, 세로 1.2미터 크기의 천을 만들었다.
(출처 : 2009년 미국 자연사박물관 전시 홍보물 중에서)

테면 방탄복, 낙하산, 거미줄 총 등의 군수용품이나, 현수교를 공중에 매달 때 강의 양쪽 언덕에 건너지르는 사슬의 재료로 사용될 수 있다. 인공 힘줄, 인공장기부터 수술 부위를 봉합할 때 조직 사이에 끼워 넣는 시트에 이르기까지 의료 부문에서의 쓰임새 역시 다양하다.

산업용 거미 실크가 나오면 미래의 직물로 각광을 받을 터. 누에 실크로 만든 비단옷이 한때 부유층의 신분을 드러내는 상징이었던 것처럼 21세기에는 생물 강철로 만든 고급 의상이 상류층의 전유물이 될 가능성이 많다.

한편 2009년 9월 미국 뉴욕 자연사박물관에 야생 거미의 실크로 만든 가로 3.3미터, 세로 1.2미터 크기의 금빛 천이 전시되어 눈길을 끌었다. 이 옷감은 4년 동안 80여 명이 투입되어 아프리카 마다가스카르 섬의 전화선 전주에 집을 짓고 사는 금색원형거미 100만 마리로부터 얻어 낸 실크로 만든 것이다.

④ 신화는 과학이다

 # 델포이 신탁의 수수께끼

창세신화에서 가장 많이 등장하는 동물은 뱀이다. 뱀은 아주 복잡한 의미를 지닌 상징으로 여겨진다.

신화에는 뱀이 많이 나온다

뱀은 만물이 생성되는 혼돈의 바다를 상징한다. 인도의 창세신화에서도 뱀은 창조 이전의 혼돈으로서 끝없는 대해를 나타낸다. 원초의 바다에서 똬리를 틀고 있는 뱀은 아난타이다. 뱀의 왕인 아난타는 '끝없다'는 뜻으로 무한의 상징이다. 천 개의 머리를 양산처럼 달고 있는데, 이 머리들은 아난타 위에 누워서 명상하는 비슈누를 가려 주는 차양 역할을 한다.

우주 최초로 유일하게 깨어 있는, 신들의 신인 비슈누는 그의 아내인 락슈미와 함께 아난타 위에서 휴식을 취한다. 비슈누의 힘은 아바타라,

곧 '하강'이라 불리는 다양한 형태로 이 세상에 드러난다. 아바타라는 '내려오다'와 '땅'을 합성한 단어로서 '지상에 강림한 신의 화신'을 뜻한다.

비슈누는 432만 년이라는 장구한 시간 동안 열 차례 변신을 하는데, 두 번째 화신(아바타라)은 거북이다. 태초에 대홍수가 일어나서 세상이 파괴되자 비슈누는 커다란 거북으로 변신하여 물속으로 들어갔다. 이 거북의 등 위에 산이 단단히 자리 잡았다. 이 산에 똬리를 튼 우주

비슈누와 락슈미.
비슈누가 아내인 락슈미와 함께 우유의 바다에서 헤엄치는 아난타 위에서 쉬고 있다.

의 뱀은 바수키이다. 신들과 악마인 아수라들은 소용돌이치는 물살 주위에 바수키를 둘러서 묶어 놓고 양쪽에서 끌어당기면서 큰 바다를 교반하였다. 교반은 원래 '휘저어 섞는다'는 뜻인데, 천지창조의 상징이다. 힌두교에서는 우유의 바다를 휘저어 천지창조가 이루어졌다고 믿는다. 신들이 평소에는 불구대천의 원수인 아수라들과 함께 바수키를 밧줄로 사용하여 바다를 휘저은 것도 창조의 기운을 얻기 위해서였다. 교반으로 인해 바다는 점점 더 빠른 속도로 소용돌이쳤으며 바다에서는 온갖 신기한 보물들이 솟아올랐다. 거북으로 변신한 비슈누는 아수라가 우유의 바다를 휘저어 불사의 물인 암리타를 훔쳐 가려는 것을 저지했다.

일본의 우주 창조 신화에도 머리가 여덟 개 달린 뱀인 하치키 오헤비가 나온다. 일본에서 8은 성스러운 숫자인 동시에 많다는 것을 뜻한다. 하치키 오헤비의 눈은 앵두처럼 붉다. 이마 한가운데에서는 가문비나무가 자라는가 하면 등에서는 소나무와 이끼가 자라고 있으며 배는 언제나 피로 얼룩져 있다. 하치키 오헤비는 일본 왕의 딸 여덟 명 중에서 일곱 명을 7년에 걸쳐 잡아먹었다. 마지막으로 막내딸을 잡아먹으려고 할 때 한 영웅이 나타났다. 그는 둥근 모양의 거대한 목책을 만들고 여덟 개의 망루를 세웠다. 그리고 각각의 망루에 술을 가득 담은 항아리를 가져다 놓았다. 하치키 오헤비는 여덟 개의 머리를 각각 여덟 개의 술 항아리에 처박고 게걸스럽게 마셔 댔다. 뱀이 술에 취해 곯아떨어진 순간 이 영웅은 칼로 여덟 개의 머리를 잘랐다. 잘려 나간 머리에서는 붉은 피가 강물처럼 흘러나왔다. 하치키 오헤비로부터 목숨을 건진 막내 공주는 이 영웅의 배필이 되었다.

바수키와 비슈누. 신들과 아수라가 바수키의 몸을 당겨 바다를 교반하고 있다.

일본 유적에서 발견된 하치키 오헤비 벽화

뱀은 여러 신화에서 죽음과 파괴를 상징하는 존재로 나타난다.『성경』에는 리바이어던이 등장한다. 리바이어던은 큰 바다와 혼돈을 뜻하는 원초의 괴물로 바다의 힘을 나타내는 거대한 뱀이다. 야훼는 신의 위대함에 대비되는 인간의 연약함과 무지를 강조하기 위해 이렇게 묻는다.

"너는 낚시로 레비아단(리바이어던)을 낚을 수 있느냐? 그 혀를 끈으로 맬 수 있느냐? 코에 줄을 꿰고 턱을 갈고리로 꿸 수 있느냐? …… 너는 그 살가죽에 창을, 머리에 작살을 꽂을 수 있느냐? 손바닥으로 만져만 보아라. 다시는 싸울 생각을 하지 못하리라."(욥기 40, 25~32)

영국의 철학자인 토머스 홉스(1588~1679)는 1651년 국가를 리바이어던에 비유한 저서인 『리바이어던』을 펴냈다. 그는 이 책에서 "인간은 인간에 대해 늑대이다."라는 명언을 남겼다.

그리스 신화에는 히드라가 나온다. 히드라는 우물 근처의 늪 속에 사는 머리가 여러 개 달린 물뱀이다. 머리의 수는 여섯 개에서 백 개까지 여러 주장이 있다. 머리 한 개가 잘려 나가면 그 자리에 두 개씩 새로운 머리가 솟아난다. 그중 한가운데 있는 머리는 사람의 머리처럼 생겼는데 영원히 죽지 않는다. 히드라의 입김은 물을 독으로 오염시키고 들판을 황폐하게 만들어 버린다. 헤라클레스에게 주어진 열두 가지의 어려운 과제 중에서 두 번째가 히드라를 죽여야 하는 것이었

리바이어던은 광대한 바다와 혼돈을 의미한다.

「히드라를 죽이는 헤라클레스」. 헤라클레스는 히드라를 처단했다.

다. 그는 히드라의 머리를 곤봉으로 쳐서 여러 개 떨어뜨렸으나 그 자리에 두 개씩 새로운 머리가 나왔기 때문에 조카의 도움을 받았다. 그가 머리를 자르면 조카가 피로 얼룩진 부위를 횃불로 태워 버렸다. 영원불멸이라는 가운데 머리는 거대한 바위 밑에 파묻었다. 히드라의 머리는 바위 밑에서 헤라클레스를 증오하며 아직도 다시 태어날 날만을 기다리고 있다.

그리스 신화에서는 뱀이 몸의 일부로 붙어 있는 괴물을 볼 수 있다. 고르곤과 케르베로스가 좋은 보기이다. 고르곤은 무서운 자매들이다. 가장 이름이 알려진 고르곤 자매는 메두사이다. 고르곤은 추악한 얼굴의 괴물로서, 머리 둘레에는 뱀과 같은 머리카락이 휘감겨 있고, 산돼지와 같이 큰 이빨을 갖고 있다. 거친 손은 놋쇠로 되어 있고, 황금의 날개로 공중을 날아다닌다. 고르곤의 가장 강력한 무기는 눈이다. 눈은 섬광을 발하므로 그 날카로운 시선에 부딪치면 무엇이든지 돌로 변해 버린다. 고르곤은 죽지 않는 괴물인데, 메두사만은 예외이다. 메두사는 본래 리비아의 아름다운 처녀였으며 그 모발이 그녀의 중요한 자랑거리였다. 그러나 감히 지혜의 여신인 아테나와 아름다움을 경쟁하였기에, 분노한 여신이 메두사의 아름다움을 박탈하고, 아름다운 머리털을 슈웃슈웃 소리를 내는 여러 마리의 뱀으로 변하게 하였다. 메두사는 무서운 형용을 한 잔인한 괴물로 바뀌었다. 그래서 그녀를 한 번 본 사람은 누구나 돌이 되었다. 메두사가 살고 있는 동굴 주변에는 그녀를 한 번 보다가 돌로 바뀐 사람이나 동물의 모습이 수두룩했다.

메두사를 정복한 영웅은 제우스의 아들인 페르세우스이다. 그는 메

아름다운 고르곤 자매들은
아테나 여신의 저주로
흉측한 괴물로 변했다.

두사를 보면 돌로 변한다는 사실을 알고 있었으므로 아테나 여신이 빌려 준 방패를 몸에 지니고 메두사가 잠든 사이에 접근하였다. 그리고 그녀를 직접 바라보지 않도록 조심하고, 그가 갖고 간 광휘 찬란한 방패 속에 비친 그녀의 모습을 보면서 메두사의 머리를 베었다. 페르세우스가 메두사의 목을 쳤을 때 그 피가 땅속에 스며들어 태어난 동물이 날개 돋친 말인 페가수스이다. 페르세우스는 메두사의 머리를 아테나에게 주었는데, 아테나는 그것을 자신의 방패 한가운데 붙였다.

케르베로스는 지하 세계의 문 앞을 지키며 죽은 사람들은 들어가게 하지만 아무도 나가지 못하게 하는 저승의 문지기이다. 케르베로스는 머리가 세 개 달린 거대한 개로서 살아 있는 뱀이 꼬리로 달려 있다. 헤라클레스의 열두 가지 과제 중에서 마지막 일은 케르베로스를 한낮의 태양 아래로 끌어내는 것이었다. 케르베로스는 헤라클레스의 힘에 굴복하여 잠시 동안 끌려 나왔다가 다시 지하 세계로 돌아갔다.

델포이의 아폴론 신전

그리스에 대홍수가 난 적이 있는데, 대지가 진흙으로 덮여 비옥해졌다. 그 진흙 더미에서 최초의 왕뱀인 퓌톤이 생겼다. 이 괴물은 그 크기가 어마어마해서 구불거리는 몸통은 산맥을 뒤덮었으며, 길이는 별에까지 닿았다. 퓌톤은 강물이란 강물은 모조리 들이마시고 다시 토해 냈기 때문에 공포의 대상이었다. 퓌톤은 그리스 중부에 있는 파르나쏘스 산의 동굴 속에 숨어 있었다.

『이윤기의 그리스 로마 신화 3』(2004)에 이런 구절이 나온다.

> 아폴론이 태어날 당시 파르나쏘스 산 기슭 마을 델포이에는 시뷜레라는 무녀(점쟁이)가 살고 있어서 사람들의 발길이 잦았다. 델포이는 '대지의 자궁', '세계의 배꼽'으로 믿어지던 마을이다. 당연히 찾는 사람이 많았을 법하다. 그러나 사람들은 마음 놓고 그 '대지의 자궁'

메두사의 머리를 들고 있는 페르세우스

인 델포이를 출입할 수 없었다. 산기슭의 카스탈리아 샘 곁에, 대지의 여신 가이아의 자식인 엄청나게 큰 왕뱀이 아내를 거느리고 살고 있었기 때문이다. 수컷의 이름은 퓌톤, 암컷의 이름은 퓌티아였다.

아폴론은 화살을 쏘아 퓌톤을 죽였다. 아폴론은 지아비를 잃고 슬퍼하는 퓌티아를 가엾이 여겨 인간으로 변신시키고 델포이에 있는 자신의 신전을 지키게 했다.

토머스 벌핀치(1796~1867)의 『고대 신화』에는 아폴론 신전이 세워진 경위가 다음과 같이 적혀 있다.

> 옛날에 파르나쏘스 산 위에서 풀을 뜯어 먹고 있던 염소 떼가 산허리에 길고 깊숙하게 틈이 난 곳에 다가가자 갑자기 경련을 일으켰다. 이것은 지하의 동굴에서 발산하는 특수한 증기에 기인한 것이었는데, 한 목동이 스스로 시험해 보고자 증기를 흡입하니, 정신을 잃고 염소와 마찬가지로 경련을 일으켰다. 이웃 나라의 주민들은 그 이유를 설명할 수 없어 목동이 증기에 취했을 때 경련을 일으키고 발광한 것은 신적인 영감 때문이라고 설명하였다. 이 사실은 급속도로 널리 퍼져 신전이 그 장소에 건립되었다.

델포이에 있는 아폴론 신전은 고대 그리스에서 종교적으로 가장 중요한 장소였다. 이곳에서 그리스인들은 신에게 미래에 관해 문의하고 신이 주는 답변, 곧 신탁에 따라 대책을 궁리했기 때문이다. 신탁이란

'신이 맡겨 놓은 뜻'이라는 의미이다. 아폴론은 델포이에 있는 자신의 신전에다 사람들 하나하나의 운명에 대해 자신의 뜻을 맡겨 놓았는데, 이것이 신탁인 것이다. 따라서 그리스인들은 부족끼리 전쟁을 할 때마다 델포이에서 받은 신탁에 따라 해결책을 찾았으며, 일반 시민들은 건강이나 재산 관리에 관한 신탁을 듣기 위해 아폴론 신전을 찾았다. 말하자면 델포이 신탁은 아폴론이 내리는 예언이었다.

아폴론은 자신의 예언을 전달하는 역할을 퓌티아에게 맡겼는데, 그 후로 퓌티아는 아폴론 대신에 그의 신탁을 읊조리는 무녀들을 통틀어 일컫는 보통명사가 되었다. 여성을 차별했던 옛 그리스인들이 아폴론의 대리인으로 여자들을 내세운 것은 이례적인 일로 여겨진다.

퓌티아가 무아경에 빠진 까닭은

퓌티아라 불리는 여인네들은 아폴론 신전에서 델포이의 신탁을 전하는 소임을 수행하기 전에 먼저 카스탈리아 우물에서 목욕을 한 뒤 아폴론의 첫사랑인 다프네가 나무로 바뀐 월계수의 잎으로 만든 관, 곧 월계관을 쓴다. 그리고 월계수로 장식된 삼각대에 앉는다. 삼각대는 헤파이스토스가 아폴론에게 만들어 준 것이다. 이 삼각대는 땅속 깊숙이 틈이 난 곳에 놓여 있는데, 지하의 동굴에서 발산된 특수한 증기가 이 틈으로 새어 나온다. 퓌티아는 이 증기를 마시면 무아경에 함몰되어 영감을 얻고 아폴론의 예언을 읊조리게 된다.

델포이 신탁의 예언적 영감이 땅 밑의 증기와 관련되어 있다는 주장

아폴론 신전

은 고대 그리스의 지식인들, 예컨대 철학자 플라톤(기원전 427~기원전 347)과 역사가 플루타르크(46~120) 등의 전폭적인 지지를 받았다.

특히 플루타르크는 신탁 과정을 직접 목격한 경험담을 기록으로 남겼다. 그는 아폴론을 연주자, 퓌티아를 현악기, 증기를 악기 연주용의 채로 비유하고 증기가 신탁 전달의 유일한 방아쇠 역할을 한다고 주장하였다. 퓌티아가 앉아 있는 삼각대 아래 땅속의 샘물에서 올라오는 증기는 달콤한 향기를 풍겼는데, 퓌티아 역할을 하는 무녀들은 삼각대 위에 똑바로 앉아서 상당한 시간을 보낸 뒤에 가벼운 몽환의 경지에 빠진 채 사람들의 질문에 대해 변성된 목소리로 답변을 늘어놓았다. 일을 마친 무녀들은 마치 황홀한 춤을 추고 난 뒤의 무희들 같은 표정을 짓곤 했다. 플루타르크의 설명은 거의 정설로 받아들여졌다.

그러나 1900년경 플루타르크의 설명을 완전히 뒤집는 주장이 제기되었다. 프랑스 고고학자들이 아폴론 신전 부근을 발굴한 현장에서 땅이 갈라진 틈이나 땅에서 발산된 증기의 흔적을 찾아내지 못했기 때문이다. 이를 계기로 플라톤이나 플루타르크의 설명은 근거가 없는 것으로 치부되었다.

1980년대에 유엔개발계획은 지난 수백 년간 그리스에서 지진이 발생했던 단층을 조사했는데, 이 작업에 참여했던 한 지질학자가 파르나쏘스 산의 남쪽 비탈을 따라서 아폴론 신전의 신탁 장소 아래로 지나가는 단층이 있음을 발견했다. 그로부터 10여 년이 지난 뒤 그 지질학자는 다른 고고학자와 공동 연구에 착수하여 아폴론 신전 밑을 지나는 단층을 통해 땅 밑의 샘물에서 나온 증기가 땅 위로 올라오는 경로를 찾아냈다. 1996년 두 사람은 플루타르크 등 옛사람들의 설명을 무시할 만한 지질학적 이유가 없다는 주장을 발표했다. 이들은 신탁 장소 아래의 단층을 통해 지하에서 발생하는 에틸렌 등 여러 기체가 땅 위로 솟아나오는 현상이 확인되었다고 강조하였다. 말하자면 퓌티아가 에틸렌을 마셨기 때문에 무아경에 빠질 수밖에 없었다는 것이다.

최초의 퓌티아로 알려진 여인이 아테네의 왕에게 델포이의 신탁을 전하고 있다.

2,000년 전 플루타르크는 천상의 신들이 인간들의 운명을 점치는 기적을 성취하기 위해 지상의 하찮은 물질인 증기의 힘을 빌렸다는 사실을 밝혀냄으로써 종교를 과학에 접목시킨 셈이다. 그가 아폴론 신전을 맹목적으로 숭배한 종교적 보수주의자들과 달리 열린 마음으로 델포이 신탁 과정을 조심스럽게 관찰하여 밝혀낸 신화의 수수께끼가 1996년에 지질학자, 고고학자, 화학자, 독극물학자 등 네 명의 공동 연구에 의해 과학적으로 설명된 것은 인문학과 과학의 융합 연구의 중요성을 일깨워 준 사례가 아닌가 싶다.

 ## 신화 속의 궁전이 현실로 나타나다

   신화 속에 등장하는 궁전이 실재했던 것으로 밝혀지는 믿기지 않는 사건이 발생했다. 그리스 신화의 주요 무대인 크레타 섬에서 미노스 왕의 궁전이 발견된 것이다.

미궁의 괴물 미노타우로스

   아테네의 왕 아이게우스는 두 번 결혼했지만 두 아내 모두 왕위를 이을 아들을 낳지 못했다. 그는 델포이로 가서 아폴론의 신탁을 받아 보았으나 여사제가 준 회답을 도통 이해할 수 없었다. 아테네로 돌아오는 길에 아테네 왕족인 현인의 집에 들렀다. 세상에서 가장 현명한 사람으로 존경받는 그가 신탁의 뜻을 해석해 줄지 모른다고 기대했기 때문이다.

   그에게는 아이트라라는 시집을 가지 못한 딸이 있었다. 그날 저녁 아이게우스는 술에 취한 상태에서 아이트라와 잠자리를 하게 되었다. 아이게우스는 아이트라에게 틀림없이 아들을 낳을 것이므로 그 아들이 열여섯 살이 되면 자기를 찾아오게 하라고 당부했다. 그리고 제우스를 기리는 신성한 바위 밑에 칼 한 자루와 신발 한 켤레를 묻으면서, 훗날 그 칼을 차고 그 신발을 신고 나타나면 자신의 아들로 인정하겠다고 말했다.

아이트라는 아들을 낳고 테세우스라는 이름을 지어 주었다. 테세우스는 '묻혀 있는 보물'이라는 뜻이다. 아버지인 아이게우스가 바위 밑에 아들의 신분을 증명할 수 있는 물건을 묻어 둔 사실을 잊지 않기 위해서 그런 이름을 붙여 준 것이다. 테세우스는 현명한 외할아버지로부터 문학과 예술을 배우고, 유명한 운동선수들로부터 훈련을 받아 지혜롭고 강건한 청년으로 성장했다. 아이트라는 테세우스가 열여섯 살이 되자 아버지가 아테네의 왕이라는 사실을 밝혔다. 테세우스는 바위 밑에서 칼과 신발을 꺼낸 뒤에 아테네로 떠났다. 아테네로 가는 길목에는 악한들이 들끓었다. 나그네들을 청동 곤봉으로 죽이고 돈을 빼앗는 절름발이 강도, 소나무를 구부려 행인의 두 다리를 찢어 죽이는 산적, 나그네에게 강제로 자기 발을 씻게 한 뒤에 낭떠러지 아래 바다로 빠뜨려 거북의 밥을 만드는 악한, 행인과 레슬링 시합을 하자고 해 놓고 바위로 머리를 깨부수는 살인마가 테세우스를 노렸다. 테세우스는 이들을 모두 죽여 영웅적인 면모를 과시했다. 아테네로 가는 내리막길에서 마지막으로 만난 강도는 프로크루스테스였다. 그는 지나가는 사람을 침대에 눕힌 뒤 침대보다 작으면 다리를 잡아 늘여 침대에 맞추려고 했

테세우스와 프로크루스테스를 그린 꽃병 그림

고, 침대보다 크면 침대에 맞게 다리를 잘랐다. 테세우스는 프로크루스테스를 침대에 팽개친 뒤에 그의 덩치가 침대보다 컸으므로 남는 부분을 톱으로 잘라 버렸다.

테세우스에 관한 소문은 아테네의 왕궁에까지 퍼졌다. 아이게우스는 세 번째 아내인 메데이아와 살고 있었다. 메데이아는 늙은 아이게우스 대신에 아테네를 실질적으로 통치하고 있었다. 메데이아는 테세우스를 제거하기 위해 독살할 계획을 짰다. 아이게우스가 테세우스를 환영하는 잔치를 열었는데, 메데이아는 술잔에 독약을 탔다. 테세우스는 자신의 정체를 밝히기 위해 차고 있던 칼을 꺼내 식탁 위에 올려놓았다. 그 칼을 본 아이게우스는 깜짝 놀라면서 얼른 테세우스의 발을 내려다보았다. 그가 바위 밑에 묻어 두었던 신발을 신고 있지 않은가. 아이게우스는 독이 든 술잔을 쳐서 바닥에 떨어뜨리고 아들을 부둥켜안았다. 아이게우스는 테세우스가 아테네의 왕위 계승자임을 선포했다. 메데이아 왕비는 아테네 밖으로 도망쳤으며 다시는 나타나지 않았다.

한편 아테네에는 절망과 슬픔의 날들이 다가오고 있었다. 테세우스가 아테네에 오기 전에 있었던 일 때문이었다. 아테네의 대규모 운동 시합에 크레타의 왕자가 참여하여 모든 종목에서 일등을 차지했다. 크레타는 그리스의 해안에서 멀리 떨어져 있는 섬으로, 미노스 왕이 다스렸다. 미노스는 황소로 변신한 제우스가 에우로페를 크레타 섬으로 납치하여 낳은 자식 중의 맏아들이다. 아이게우스는 소를 다루는 솜씨가 뛰어난 크레타의 왕자에게 아테네 근교에서 날뛰는 황

미노타우로스 조각상

소를 죽여 달라고 부탁했다. 운동 시합에서 우승해서 의기양양해진 왕자는 주저 없이 황소와 맞붙었으나 죽고 말았다. 외아들이 비명횡사한 소식을 들은 미노스 왕은 복수를 맹세했다. 그는 수많은 전함을 몰고 나타나 아테네를 포위했다. 미노스는 최후통첩으로 다음과 같은 요구를 했다.

"9년에 한 번씩 아테네에서 가장 훌륭한 총각과 처녀를 각각 일곱 명씩 크레타로 보내라. 그들은 크레타에서 미노타우로스의 밥이 될 것이다."

미노타우로스는 사람의 몸에 황소의 머리와 어깨를 한 거대한 괴물이다. 미노타우로스는 미노스 왕의 아내인 파시파에와 황소 사이에 태어났다.

파시파에는 미노스와 결혼하여 아름다운 딸 아리아드네를 낳았지만 결혼 생활이 불행했다. 미노스가 소문난 바람둥이였기 때문이다. 미노스의 가축 중에는 힘이 세고 기품이 있는 황소가 있었다. 불행한 왕비 파시파에는 그 황소에게 반하여 이룰 수 없는 짝사랑을 하게 되었다. 사랑으로 고통스러워하던 파시파에는 다이달로스에게 도움을 청했다. 다이달로스는 아테네 출신이었으나 미노스를 돕고 있던 기술자였다. 그는 기상천외한 건축물을 비롯해서 만들지 못하는 것이 없었다. 그가 만든 조각상들은 꼭 살아 있는 듯해서 도망갈까 봐 쇠사슬로 묶어 놓을 정도였다.

다이달로스는 왕비의 부탁을 받고 아름다운 암소를 만들어 주었다. 파시파에는 그 암소의 몸 안으로 숨어들어 가서 황소를 유혹했다. 황소

「다이달로스와 파시파에」

는 감쪽같이 속아 넘어갔고 파시파에는 결국 미노타우로스를 낳게 되었다.

미노스는 이 괴물을 죽이기는커녕 아주 안전한 거처를 마련해 주었다. 다이달로스에게 지하에 미궁(라비린토스)을 설계하도록 명령하고 그 안에 미노타우로스를 숨겨 두었던 것이다. 미궁은 수없이 많은 복도와 구불구불한 굴곡으로 이루어졌는데, 그것들은 서로 통하고 처음도 끝도 없는 것 같았다. 그 구조가 대단히 교묘하여 그 속에 갇힌 자는 누구나 혼자 힘으로 탈출이 불가능했다.

미노타우로스는 성장이 빨라 열두세 살에 이미 건장한 어른이 되었다. 그는 땅속 미궁에 갇힌 채 아테네의 왕이 바친 젊은이들을 먹고 자랐다. 잘생긴 아들과 딸을 괴물에게 먹이로 바쳐야 했던 부모들의 고통은 이루 말할 수 없었다.

테세우스가 아테네에 도착한 해가 바로 인간 제물을 바치는 해였다. 그는 미노타우로스를 죽여 아테네 시민들을 고통으로부터 구하기로 결심한다. 아이게우스는 왕위를 이을 아들을 크레타로 보내고 싶지 않았지만 테세우스의 의지를 꺾지 못했다.

테세우스는 열세 명의 젊은이들과 함께 크레타로 떠날 때 배에 검은 돛을 달았다. 미노타우로스에게 잡아먹힌 희생자들을 추모하기 위해서였다. 아이게우스는 테세우스가 돌아올 때는 검은 돛을 흰 돛으로 바꿔 달라고 말했다. 흰 돛으로 열네 명의 아테네 젊은이들이 살아서 돌아온다는 신호를 해 주기를 바랐던 것이다.

테세우스 일행은 크레타에 도착하여 미노스 왕 앞에 나아갔는데, 그

미노타우로스를 죽이는 테세우스

자리에 있던 아리아드네 공주가 첫눈에 테세우스에게 반했다. 아프로디테의 날개 달린 아들 에로스가 쏜 화살이 그녀의 가슴에 박혔기 때문이다. 그녀는 다이달로스에게 그 잘생긴 아테네 청년을 살릴 수 있도록 도와 달라고 간청했다. 그러니까 테세우스가 미노타우로스를 죽일 경우 미궁을 빠져나올 방법을 알려 달라고 부탁한 것이다. 다이달로스는 아리아드네에게 실 한 타래를 건네주며, 실의 한쪽 끝을 입구에 붙들어

매고 실을 풀면서 안으로 들어가면 미노타우로스를 죽인 뒤 실을 감으면서 나오면 입구를 찾을 수 있으므로 목숨을 구할 수 있을 것이라고 설명했다. 아리아드네는 테세우스에게 실타래를 몰래 주었다.

아테네 젊은이 중에서 미노타우로스가 맨 먼저 마주한 사람은 테세우스였다. 그는 그 괴물을 칼로 찔러 간단히 처치하고 열세 명의 아테네 젊은이들과 함께 아리아드네가 준 실타래 덕분에 무사히 미궁을 탈출하는 데 성공했다.

테세우스는 귀향을 서두른 나머지 미처 검은 돛을 흰 돛으로 바꿔 달지 못했다. 검은 돛을 본 아이게우스 왕은 아들이 죽은 것으로 알고 절벽에서 몸을 던져 죽고 말았다. 아테네 시민들은 테세우스를 아테네의 왕으로 모셨다.

크노소스 궁전의 흔적을 찾아서

기원전 10세기경의 그리스 시인인 호메로스는 『일리아드』에서 크레타 섬을 다음과 같이 묘사했다.

포도주 빛 바다의 한가운데 떠 있는 섬, 물에 둘러싸인 크레타 섬은 아름답고 비옥하다. 크레타 섬 주민들은 헤아릴 수 없이 많다. 도시는 아흔 개가 있다. 그곳에서는 온갖 종족의 언어를 들을 수 있다. 그 섬의 도시들 중에는 위대한 제우스의 비밀을 간직하고 있고, 미노스가 9년 주기로 다스린 대도시 크노소스가 있다.

크레타 섬은 제우스가 태어난 섬이며, 제우스의 아들로 태어난 전설적 인물 미노스가 크노소스의 궁전에서 다스리던 왕국이었다.

19세기 후반부터 유럽의 탐험가들은 제우스의 출생지로 여겨진 동굴을 발견하고, 미노스 왕이 미노타우로스를 감금한 라비린토스(미궁)를 찾아 나섰다. 고고학자들은 『일리아드』에 언급된 아흔 개의 도시를 크레타 섬에서 찾을 수 있다고 생각했다. 특히 호메로스가 크레타 섬의 수도라고 지칭한 크노소스로 관심이 집중되었다. 영국, 프랑스, 독일 등 유럽의 각국에서 수많은 고고학자들이 크노소스 발굴에 경쟁적으로 뛰어들었다. 그중에는 영국의 고고학자인 아서 에번스(1851~1941)도 끼어 있었다.

부잣집 아들로 태어난 에번스는 고대 유물을 수집하고 민속학을 공부했다. 1894년 크레타 섬을 처음 방문한 그는 여러 차례 섬에 체류하면서 수많은 선사시대 유물이 묻혀 있다는 것을 확신하고 1899년 크노소스 지역을 일부 구입하였다. 에번스는 미노스 왕의 궁전이 그 지역에 폐허로 남아 있을 것이라고 믿었다. 1900년 3월부터 에번스는 크노소스 지역 발굴에 착수하여 마침내 미노스 궁전의 흔적을 찾아냈다. 신화 속의 미노스 궁전이 현실로 드러난 역사적인 순간이었다.

1900년 4월 에번스는 그리핀으로 장식된 미노스의 옥좌를 발견했다. 그리핀은 독수리의 머리와 날개, 사자의 몸뚱이를 가진 잡종 동물이다. 이글거리는 눈, 꼿꼿이 세운 머리, 날카로운 발톱은 독수리를 닮았으며 사자와 닮은 몸통에는 긴 꼬리가 달려 있다. 그리핀이 가장 열중하는 일은 산에서 금과 보석을 찾아내서 보금자리를 만드는 것이다.

그리핀을 새긴 고대 아시리아의 조각

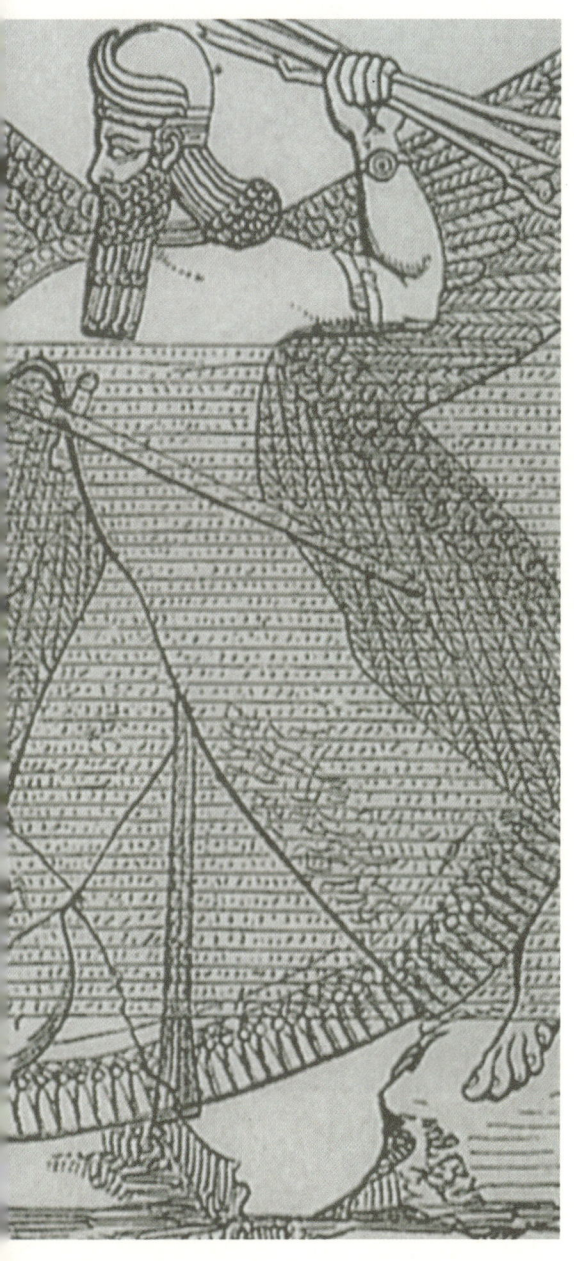

에번스는 크노소스 궁전이 완전히 점토로 지어졌으며, 매우 웅장했다는 사실을 밝혀냈다. 궁궐터에서 성의 알현실, 소궁전, 별궁, 수천 개의 서판이 보관된 저장고, 정원, 붉은 기둥들이 붙은 계단 등을 발굴했다. 그는 그리핀으로 장식된 옥좌의 방을 정성 들여 복원했다. 방의 중앙에 옥좌를 놓고, 벽에는 그리핀과 초목을 그려 넣었으며, 몸을 정결하게 하는 의식을 치르는 욕조를 비치했다. 그 밖에 예배용 집기나 항아리들을 놓아두었다.

1905년 에번스는 크노소스 궁전 계단의 복원 작업을 다음과 같이 설명했다.

우리 눈앞에 거의 8미터

크노소스 궁전. 미노스 왕의 궁전이 크노소스에서 발굴되었다. 사진은 복원한 모습이다.

높이의 거대한 계단이 원기둥이 있는 대기실과 함께 3,500년 전의 모습 그대로 서 있다. 그 계단은 미노스의 후계자들인 왕과 왕비들이 사용하던 것이다.

에번스는 크레타 섬의 문명을 미노아 문명이라고 명명했다. 신화 속의 인물인 미노스 왕에서 파생된 용어임은 물론이다. 크레타 섬에서 사라진 문명을 개인 재산을 들여 복원한 업적을 인정받아 에번스는 1911년 작위를 수여받았다. 그는 1941년 삶을 마감하는 날까지 고고학에 전념한 것으로 알려졌다.

미궁의 수수께끼

신화 속의 크레타 섬에 미노스 왕의 궁전이 실재했던 것으로 밝혀짐에 따라 미노타우로스가 갇혀 있던 라비린토스의 존재 여부가 세인의 관심사가 되었다.

크레타 섬 사람들은 라비린토스 안에 있는 문 위에 새겨진 비문을 해독하면 문이 저절로 열려 수많은 보물도 찾을 수 있다고 믿었다.

고고학자들은 신화 속의 크레타 미궁을 찾으려고 끊임없이 시도했으나 모두 실패했다. 애당초 미궁 건조물 따위가 없었거나, 아니면 미궁이 흔적도 없이 파괴되고 말았는지 모른다. 단지 미궁의 도형만을 볼 수 있을 따름이다.

기원전 2세기경부터 기원후 5세기경까지 크노소스에서 주조된 동전의 뒷면에는 사각형의 미궁이 그려져 있다. '크레타형 미궁도'라고 명명된 이 도형은 미궁도의 기본형이라 불린다. 왜냐하면 고대 지중해 세계에서 오늘날까지 미궁의 실체를 지닌 건조물은 단 하나도 발견되지 않았지만, 무수히 발견된 다양한 미궁 형상이 하나같이 크레타형 미궁을 닮아 있기 때문이다. 크레타형 미궁 형상은 유럽의 스칸디나비아 연안 지방에서부터 인도, 미국 남서부에까지 널리 퍼져 있는 것으로 밝혀졌다.

미궁 연구의 거두인 독일의 헤르만 케른(1941~1985)은 『미궁』(1982)에서 미궁 도형은 다음과 같은 특징을 갖고 있다고 적었다.

- 통로는 외길이고 무조건 중심을 향해 나 있다. 따라서 미궁 안을 걷는 사람이 길을 잃을 가능성은 없다.
- 통로가 교차하지 않는다.
- 어느 길로 가야 할지 선택의 여지가 없다.
- 미궁의 중심에서 외부로 나올 때 중심을 향해 들어왔던 통로를 다시 지나갈 수밖에 없다.

요컨대 미궁은 외줄기 길이며, 무조건 중심을 향해 걸어가야 한다. 그러나 미궁과 혼동하기 쉬운 미로는 누구나 중심에 도달할 수 있는 길이 아니다. 또한 미로에는 중심 같은 게 꼭 필요한 것도 아니다. 미궁 안에서는 누구나 미리 설정된 구조에 따라 중심을 향해 걸어가면 길을 잃을 가능성이 없는 반면에, 미로는 그 안에 들어가는 사람을 갈팡질팡하게 만들어 막다른 길로 몰아넣고 출구를 찾지 못하게 하여 죽음의 위험에 빠뜨린다.

　미궁이 될 수 있는 것들에는 통로, 야외의 오솔길, 둑이나 울타리로 둘러싸인 길, 설계도, 건물, 성벽, 도시 등이 있다.

　유명한 미궁으로는 고대 이집트의 대미궁, 고대 인도의 미궁, 로마 제국의 모자이크 미궁, 중세 유럽의 교회 미궁, 르네상스 시대의 사랑의 미궁, 베르사유 궁전의 정원 미궁이 손꼽힌다.

 ## 성경과 과학이 만나다

구약성경은 "한 처음에 하느님께서 하늘과 땅을 지어 내셨다."라는 문장으로 시작된다. 이어서 『창세기』는 하느님이 엿새 동안에 천지를 창조하는 과정을 보여 준다.

기독교 신자들은 하느님의 말씀에 절대로 오류가 있을 수 없다고 생각하기 때문에 『창세기』에서 우주와 생명의 기원에 관해 서술한 내용은 엄연한 역사적 사실이라고 확신한다.

종교와 과학의 갈등

16세기부터 가톨릭교회는 세계를 해석하는 방법을 놓고 과학자들과 첨예하게 대립했다. 가톨릭의 우주관에 대한 최초의 도전은 1543년 폴란드의 니콜라우스 코페르니쿠스(1473~1543)가 제창한 태양중심설(지동설)이다. 무려 1,500년간이나 천동설이 받아들여졌기 때문에 그의 지동

알브레히트 뒤러, 「아담과 하와」

니콜라우스 코페르니쿠스(좌)와 갈릴레오 갈릴레이(우)

설은 엄청난 충격을 몰고 왔다. 가톨릭의 저항은 극렬했다. 지구를 우주의 중심이 아니라고 생각하면 기존의 종교적 원리가 붕괴될 수밖에 없었기 때문이다.

가톨릭교회는 1600년 지동설을 지지한 이유로 이탈리아의 시인인 조르다노 브루노(1548~1600)를 화형에 처했고, 1616년 코페르니쿠스의 책을 판금시켰으며, 1633년 갈릴레오 갈릴레이(1564~1642)에게 유죄 판결을 내렸다. 로마 교황청은 360년 뒤인 1992년 갈릴레오를 복권시켰다.

19세기에는 생명의 기원을 놓고 신학과 과학 사이에 일대 혈전이 전개되었다. 1802년 영국 신학자인 윌리엄 페일리(1743~1805)는 기계적인 완벽성을 갖춘 척추동물의 눈을 시계에 비유하고, 시계의 설계자가 있는 것과 똑같은 이치로 눈의 설계자가 반드시 존재한다는 논리를 펼쳤다. 페일리가 내세운 설계자는 다름 아닌 하느님이다. 생물체는 하느님이라는 시계공이 만든 살아 있는 시계라는 것이다.

페일리의 창조론이 19세기 초반까지 통용되었기 때문에 1859년 찰스 다윈(1809~1882)의 『종의 기원』이 출간되었을 때 대부분의 사람들은 진화론을 이해하기는커녕 관심조차 갖지 않았다. 그러나 진화론은 결국 창조론을 뿌리째 흔들어 놓았다. 과학은 종교와의 싸움에서 승리를 거두었고 종교적 세계관은 권위를 상실했다.

20세기 들어 유례없는 과학기술의 진보로 숨을 죽이고 있던 창조론자들은 1960년대부터 반격에 나섰다. 그 신호탄은 1961년 미국에서 출간된 『창세기의 대홍수』이다. 이 책은 빅뱅 이론을 부정하고 '어린 지구 창조론'을 제시했다. 약 150억 년 전에 일어난 대폭발에 의해 우주가 생성되었다는 빅뱅 이론과 달리 우주는 1만 년 전쯤에 창조되었다고 주장한다.

창조론자들은 진화론에 대해서는 지적 설계 가설로 맞섰다. 이들의 주장은 1996년 미국의 생화학자인 마이클 베히(1952~)가 출간한 『다윈의 블랙박스』에 체계화되어 있다. 가령 베히는 세포의 생화학적 구조는 진화론의 자연선택 과정에 의해 우연히 만들어졌다고 볼 수 없을 만큼 복잡하고 정교하기 때문에 생명은 오로지 지적 설계의 산물일 수밖에 없다고 주장했다.

지적 설계란 과학으로 입증이 불가능한 지적인 존재, 곧 하느님의 손길에 의한 설계를 뜻한다. 요컨대 지적 설계 가설은 생명이 하느님의 창조물이라는 주장을 과학적으로 설득하려는 시도이다. 예전의 창조론자들처럼 맹목적으로 『성경』에 매달리는 대신 과학이 밝혀낸 사실을 아전인수식으로 원용하는 새 창조론은 창조과학이라 불린다. 『성경』 대신 과학을 무기 삼아 진화론을 공격하는 고등 전술의 창조론인 셈이다.

고고학이 성경 기록을 뒷받침하다

2000년 희년을 맞아 로마 교황청은 축하 행사의 일환으로 8월 중순부터 2개월 동안 토리노 성의를 일반에게 공개했다. 1353년 프랑스에서 존재가 확인되어 이탈리아 토리노의 한 성당에 보관 중인 이 성의에는 십자가에 못 박혀 죽은 예수 그리스도의 모습이 어려 있는 것으로 알려지고 있다.

가톨릭 신자들은 예수를 매장할 때 주검을 감싼 수의라고 믿지만 1988년 방사성탄소연대측정법에 의한 분석에 따르면 중세기에 제조된 옷감인 것으로 판명되어 논란이 끊이지 않았다.

토리노 성의의 진위 공방처럼 과학이 종교의 약점을 들춰내는 악역만 하고 있는 것은 아니다. 예컨대 고고학은 다윗 왕에 관한 구약성경의 기록을 뒷받침하는 물증을 찾아냈을 뿐만 아니라 예수의 죽음에 관련된 실체적 진실을 밝히는 데도 큰 몫을 한다.

다윗 왕은 구약성경의 핵심 인물이며 예수의 직계 조상임에도 불구하고 『성경』이외의 고대 문헌 어디에도 그 이름이 나타나지 않았기 때문에 『사무엘기』, 『열왕기』, 『역대기』에 묘사된 다윗과 그의 아들 솔로몬의 황금시대는 날조된 기록이라는 지적이 만만치 않았다. 그러나 1993년

빌라도 석판에는 '이 건물 티베리움은 유대의 총독 본시오 빌라도에 의해 지어졌다.'라고 적혀 있다.

갈릴리의 댄이라는 고대 이스라엘 마을의 유적에서 발굴된 기원전 9세기의 비석에 의해 다윗이 실존 인물임이 밝혀졌다. 다윗 왕조 100년 뒤에 만들어진 돌기둥에 다윗의 군사적 승리를 기념하는 문구가 들어 있는 것으로 확인되었기 때문이다. 댄 비석 발견으로 다윗과 솔로몬의 통치 기간(기원전 1000~기원전 920)이 역사적 사실로 확인된 것이다.

고고학자들은 예수의 삶과 죽음에 관련된 증거를 여러 차례 발굴했다. 1961년 로마 제국의 유대 총독이 집무했던 장소에서 유물을 발굴하는 도중에 1세기의 석판이 발견되었는데, 비문에는 라틴어로 빌라도의 이름이 새겨져 있었다. 빌라도가 예수를 십자가형에 처한 유대 총독임을 확인해 주는 물증인 셈이다. 이른바 빌라도 석판의 발견으로 고고학자들은 뜨거운 갈채를 받았다.

1968년 예루살렘 교외의 한 묘지 동굴에서 십자가에 못 박혀 죽은 20대 사나이의 뼈가 보존되어 있는 돌함이 발견되었다. 이 발견은 두 가지 측면에서 중요한 의미를 지니고 있다.

첫째, 『성경』에서 로마 제국의 처형 방식으로 묘사된 십자가형이 사실이었음을 뒷받침하는 증거이다. 『요한복음』에는 "병사들이 와서 예수와 함께 십자가에 매달린 사람들의 다리를 차례로 꺾고"(19, 32)라는 대목이 나온다. 이 남자는 정강이뼈가 으깨지고 두 팔은 십자가에 못질을 당했으며 큰 쇠못이 양쪽 발뒤꿈치를 관통한 것으로 짐작되었다. 로마 제국에서 수천 명의 반역자, 강도, 포로들이 십자가형을 당한 것으로 알려졌으나 그런 유해가 한 번도 발굴된 적이 없었기 때문에 이 남자의 뼈는 중요한 발견으로 평가된다.

둘째, 예수의 매장 방식에 대한 논쟁에 종지부를 찍는 증거가 된다. 예수가 죽은 뒤 시체는 향료를 바르고 고운 베로 감아 동산의 새 무덤에 안치된다.(요한복음 19, 38~42) 일부 학자들은 로마 제국에서는 십자가형에 처한 죄인의 주검을 공동묘지에 내던지거나 십자가에 매달아 놓고 짐승들이 뜯어 먹도록 했다고 주장한다. 요컨대 로마의 장례 풍속으로는 예수가 무덤에 묻힐 수 없었다는 것이다. 그러나 십자가형을 당한

한스 홀바인, 「손을 씻고 있는 빌라도」

호바르트 플링크, 「골고다」. 십자가형은 로마 제국의 처형 방식이었다.

사내의 해골이 납골당에 해당되는 상자에 보존된 사실로 미루어 볼 때 빌라도 총독의 허락을 받아 예수를 무덤에 매장했다는 『성경』 기록이 엉터리가 아님이 확인되었다고 볼 수 있다.

1990년 예루살렘 근교에 있는 1세기경의 묘지에서 여러 개의 석회석 납골당이 발굴되었다. 이 가운데에는 60세 된 노인의 뼈가 들어 있고 '가야바의 아들'이라는 비문이 새겨진 것도 있다. 전문가들은 성경에서 예루살렘의 대사제로 예수를 빌라도에게 넘긴 가야바가 이 뼈의 주인이라고 확신한다.

베들레헴의 별을 찾아서

예수 그리스도가 탄생한 경위를 설명한 신약성경의 『마태복음』에는 예수가 태어날 즈음에 동방의 현자들이 예수의 별을 보고 예루살렘으로 왔다고 적혀 있다.

> 예수께서 헤롯 왕 때에 유다 베들레헴에서 나셨는데 그때에 동방에서 박사들이 예루살렘에 와서 "유다인의 왕으로 나신 분이 어디 계십니까? 우리는 동방에서 그분의 별을 보고 그분에게 경배하러 왔습니다." 하고 말하였다. (마태복음 2, 1~2)

헤롯은 동방박사들에게 예수가 태어난 곳을 묻는다. 그들은 예언서에 유다의 땅 베들레헴에서 이스라엘의 목자가 될 영도자가 태어날 것으로 기록되어 있다고 말한다. 동방박사들은 헤롯 왕의 부탁을 듣고 베들레헴으로 길을 떠난다. 그때 동방에서 본 그 별이 그들을 앞서 가다가 마침내 그 아기가 있는 곳 위에 이르러 멈추었다. 한편 헤롯은 예수를 죽일 계획을 세우고 베들레헴에 있는 두 살 이하의 사내아이를 모조리 죽인다. 그러나 요셉과 마리아는 꿈속에 나타난 천사의 도움으로 아기 예수를 데리고 이집트로 피신하여 헤롯의 음모를 피할 수 있었다.(마태복음 2, 4~18)

기독교도들은 물론이고 천문학자와 점성가들은 예수의 강탄을 예고한 별의 정체에 대해 궁금증을 가졌으나 수수께끼는 풀리지 않고 있다. 더욱이 다른 복음서에는 베들레헴의 별이 언급되어 있지 않기 때문에 그 별의 존재 여부를 의심하는 사람들이 적지 않다.

17세기 초 행성의 운동에 관한 법칙을 발견한 독일의 천문학자인 요하네스 케플러(1571~1630)는 베들레헴의 별이 신성이나 초신성이라고 생각했다. 신성(노바)이란 희미하던 별이 갑자기 환히 빛났다가 곧 다시 희미해지는 별이며, 보통 신성의 1만 배 이상의 빛을 내는 특별히 큰 신성을 초신성(슈퍼노바)이라 이른다.

케플러 이후 베들레헴의 별에 대한 논쟁은 수그러들었으나 1999년 영국과 미국에서 서로 상반된 견해를 주장하는 두 권의 책이 출간된 것을 계기로 대중적 관심사로 부상했다. 한쪽은 천문학으로, 다른 한쪽은 점성학으로 접근했다. 2001년에는 영국에서 가장 존중받는 천문학자인 패트릭 무어(1923~) 경이 책을 펴내고, 색다른 이론을 제안했다. 그는 베들레헴의 별이 행성이나 초신성이 아니라 유성(별똥별)이라고 주장

한스 폰 쿨름바흐, 「동방박사의 경배」.
동방에서 별을 보고 베들레헴으로 온 박사들이 마리아가 안고 있는 아기를 보고 경배했다.

초신성의 찌꺼기에서 새 별이 형성된다.

했다. 결론적으로 천문학자들은 베들레헴의 별이 신성, 초신성 또는 유성일 것이라고 의견이 분분하기 때문에 일부에서는 천문학보다는 점성학으로 설명을 시도하고 나서기도 했다.

점성학은 서양에서 르네상스까지 전성시대를 누릴 정도로 영향력이 막강했다. 옛사람들은 개인의 운명에서 전쟁이나 홍수 등 재앙까지 세상만사를 별자리로 점칠 수 있다고 믿었다. 따라서 마태오는 예수가 죽고 수십 년이 지난 뒤 유대인들에게 예수가 하느님의 아들인 구세주임을 설득시키지 않으면 안 되었을 때 점성학을 신봉하는 사회 분위기를 외면할 수 없었을 것이다.

하느님이 존재한다면 그의 독생자를 땅으로 내려보낸다는 사실을 사전에 알리지 않았을 리 없다고 믿는 사람들에게 마태오가 제시할 수 있는 최상의 증거는 별자리였을 것이다. 그는 베들레헴의 별이 예수의 탄생을 예고했다고 둘러댄 것이다.

베들레헴의 별이 유독 『마태복음』에만 언급되어 있고 천문학자들이 아직까지 그 별의 정체를 밝혀내지 못하고 있는 상황에서 이처럼 점성학을 동원한 상상이 그럴 법하게 여겨질 만도 하다.

5 과학으로 신화의 꿈이 실현되다

 사람이 하늘을 날다

중국이나 그리스의 신화에는 신처럼 하늘을 날아다닌 사람들의 이야기가 나온다. 중국 신화의 노반과 그리스 신화의 다이달로스는 하늘을 나는 기계를 만들었다.

노반의 나무 새

중국의 신화집인 『산해경』을 보면 기굉국 사람들이 갖가지 신기한 기계를 만들었다고 한다. '기굉'은 손이 하나만 있다는 뜻이다. 여러 가지 기계를 만든 것으로 보아 손이 아니라 다리가 하나였던 것 같다고 주장하는 사람도 있다. 손이 하나뿐이었으면 하나의 손으로 신기한 기계를 만들 수 없었을 것이며, 다리가 하나뿐이었기 때문에 불편을 해소하려고 여러 가지 기계를 만들었을 것이라는 논리가 그럴 법하긴 하다.

기굉국 사람들은 눈이 세 개 달려 있어 기계를 만들 때 도움이 되었

기굉국의 비거

다. 그들은 한 번 타면 1,000년을 살 수 있는 말을 타고 다녔다.

  기굉국의 과학자들은 비거를 만들었다. 하늘을 날아다니는 수레였다. 은나라의 탕왕 때 처음으로 비거의 시험비행을 하여 다른 나라로 날아갔는데, 물질문명을 반대하는 그곳 사람들이 못쓰게 만들어 버렸다. 10년이 지나서 동풍이 불자 비거를 원래 모습과 똑같이 만들어 되돌려 주어서 그것을 타고 기굉국으로 돌아왔다고 한다.

  중국 전국시대에 공수반이라는 기술자가 있었다. 공수반은 노나라

과학으로 신화의 꿈이 실현되다

사람이었으므로 노반이라고 불렸다. 노반은 목공에 종사하는 사람들이 사부로 받들어 모실 만큼 솜씨가 뛰어났다. 그는 남방의 초나라 왕을 위해 몇 가지 무기를 만들어 주었다. 성을 공격할 때 사용되는 구름사다리를 발명했다. 전차에 싣고 갈 때에는 접어서 실을 수 있어 적의 눈에 띄지 않고, 일단 펴기만 하면 구름을 뚫고 하늘 높이 치솟아 올랐기 때문에 성을 공격하는 무기로 쓸모가 있었다. 또 나무로 까치를 한 마리 만들었는데, 나무 까치는 사흘 동안이나 하늘을 떠다니며 떨어지지 않았다. 노반은 나무 까치의 원리를 응용해서 사람이 탈 수 있는 새도 만들었다. 그는 그 새를 타고 다른 나라의 도성으로 날아가서 정찰한 뒤 지형이 어디가 험준하고 어느 지역의 수비가 허술한지 파악해서 초나라 임금에게 보고했다.

노반이 나무로 만든 자동기계는 한둘이 아니다. 그는 어머니를 위해 나무로 마차를 만들었는데, 마차를 끄는 두 마리의 말뿐 아니라 마차를 모는 마부도 나무였다. 마차는 노반의 어머니를 태우고 달렸는데, 다시는 돌아오지 않았다. 노반이 마차를 멈추게 하는 장치를 만들지 않는 실수를 했기 때문에 그의 어머니를 잃어버렸다고 전해진다.

노반의 전설 중에서 가장 흥미로운 것은 나무 새에 얽힌 이야기이다. 그가 만든 나무 새에는 저절로 움직이게 하는 장치가 붙어 있었기 때문에 나무 막대기로 두세 번 두드리면 사람을 태우고 하늘로 떠올라서 상당히 오랫동안 날 수 있었다. 노반은 나무 새를 타고 자주 집으로 가서 아내를 만났다. 어느 날 노반의 부모는 며느리의 배가 불러 오는 것을 보고 그 연유를 물었다. 그제야 며느리는 노반이 밤중에 들러 잠자리를 자주 했다는 사실을 털어놓았다. 노반의 아버지는 호기심이 발동하여 노반이 잠든 사이에 그 나무 새에 올라타서 막대기로 열 번 두드렸다. 그러자 나무 새는 눈 깜짝할 사이에 하늘로 올라 단숨에 수천 리 밖으로 날아갔다. 나무 새가 땅에 내려앉자 그곳 사람들은 하늘에서 내려온 늙은이는 요괴임에 틀림없다고 여겨 죽이고 말았다.

노반은 아버지를 찾아 나서기 위해 또 다른 나무 새를 만들었다. 그는 아버지의 시체를 찾아 나무 새에 싣고 고향으로 돌아왔다. 노반은

중국 웨이팡 펑정 박물관 맞은편에 있는 노반의 동상

아버지를 죽인 사람들에게 복수하기 위해 나무로 신선을 만들어 그 신선의 손가락이 그 사람들을 가리키도록 하였다. 그쪽 지방에서는 3년 동안 연속 큰 가뭄이 들었고 기우제를 지내도 비 한 방울 내리지 않았다. 결국 노반의 아버지를 죽인 사람들은 노반을 찾아가서 잘못을 빌고 선물을 한 보따리 안겼다. 분이 풀린 노반이 나무 신선의 손을 잘라 버리자 가뭄이 끝나고 비가 쏟아져 내렸다고 한다.

이카로스의 날개

아테네에서 가장 뛰어난 기술자는 다이달로스였다. 왕족의 후예로 태어난 그는 예술가, 건축가, 발명가로도 알려졌다. 그가 만든 조각상은 입술을 열고 말할 것처럼 살아 있는 듯했고, 그가 그린 그림들은 영락없이 진짜 같았다. 또한 그는 줄자나 도끼는 물론이고 돛대를 발명하기도 했다.

다이달로스는 어린 조카를 조수로 데리고 있었다. 그러나 삼촌과 조카가 함께 걷다가 조카가 바위에서 떨어져 죽고 말았다. 다이달로스는 재판을 받고 아테네에서 추방되는 벌을 받았다. 그는 배를 타고 정처 없이 헤매다가 크레타 섬에 이르렀다.

미노스 왕이 다스리던 크레타는 지중해의 나라 중에서 가장 강했다. 크레타의 수도인 크노소스에는 사치스런 궁전과 사원이 즐비했다. 그러나 미노스는 아테네보다 크노소스가 아름답지 못하다는 사실을 잘 알고 있었다. 그는 아테네의 예술 작품이 다이달로스의 솜씨라는 것도

크레타 섬의 미궁 속에 숨어 사는 미노타우로스를 테세우스가 공격하고 있다.

이미 알고 있었다. 미노스에게 한 가지 꿈이 있다면 다이달로스를 데려다가 크노소스를 아테네보다 멋진 도시로 만드는 것이었다.

　미노스는 다이달로스를 성대하게 환영하고 크레타를 아름답게 만들어 줄 것을 당부했다. 다이달로스는 크레타의 여인과 결혼해서 아들인 이카로스를 낳았다. 이카로스는 아버지의 일을 배우면서 어른이 되었다. 다이달로스가 미노타우로스를 감금하기 위해 미궁(라비린토스)을 건

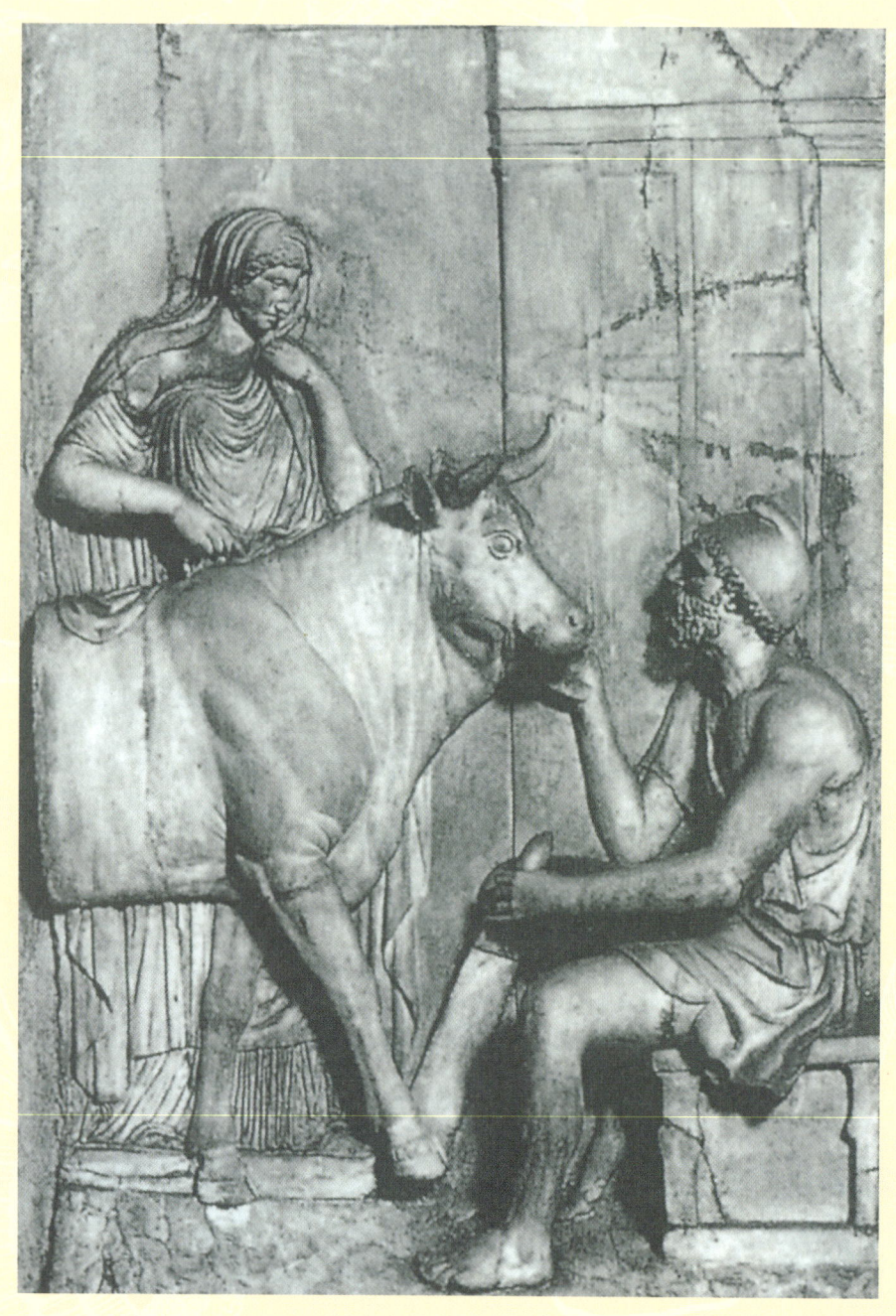

위대한 기술자 다이달로스는 파시파에 왕비를 위해 가짜 암소를 만들어 황소를 유혹하도록 도와준다.

설할 때도 이카로스가 거들었다.

　아테네의 영웅 테세우스가 미노타우로스의 먹이가 될 젊은이들과 크노소스에 왔을 때였다. 미노스의 딸인 아리아드네 공주는 첫눈에 테세우스를 사랑하게 되었다. 아리아드네는 다이달로스에게 테세우스가 미궁을 빠져나올 수 있는 방법을 가르쳐 달라고 애원했다. 다이달로스는 아리아드네에게 실타래를 주고 미궁에서 길을 잃지 않는 방법을 일러 주었다. 테세우스는 미노타우로스를 죽인 뒤에 아리아드네의 실타래를 사용하여 라비린토스를 탈출할 수 있었다.

　미노스 왕은 이 사실을 알고 분노하여 다이달로스와 이카로스를 미궁에 가두었다. 다이달로스는 자기가 만든 미궁이었지만 빠져나갈 길을 찾을 수 없었다. 미노스의 아내인 파시파에가 다이달로스를 찾아왔다. 파시파에 왕비는 다이달로스가 만들어 준 암소 안에 숨어서 그녀가 짝사랑한 황소를 유혹하는 데 성공했기 때문에 항상 다이달로스에게 고마워하고 있었다.

　다이달로스는 파시파에 왕비에게 백조의 깃털, 독수리의 깃촉, 황새의 날개 등 모든 깃털을 가져다 달라고 부탁했다. 다이달로스는 파시파에가 모아다 준 깃털을 배치하여 밀랍으로 붙였다. 마침내 며칠 만에 다이달로스는 새들의 날개와 똑같이 생긴 날개를 네 짝이나 만들었다. 다이달로스와 이카로스는 가죽끈을 이용해서 한 쌍의 날개를 각자의 팔과 어깨에 매달았다. 다이달로스는 아들에게 "너무 낮게 날면 깃털이 파도에 젖게 되고, 너무 높게 날면 밀랍이 태양열에 녹게 된다. 황새처럼 천천히 날아가야만 먼 길을 안전하게 갈 수 있다."라고 말했다. 부자는 날개를 퍼덕이며 하늘로 솟아올랐다. 그들의 행선지는 아테네가 아니었다. 미노스가 그들을 붙잡기 위해 전쟁을 일으키면 고국이 잿더미가 될 수 있었기 때문이다. 다이달로스 부자는 대양 위를 천천히 날아갔다. 여러 개의 섬이 밑으로 지나갔다. 이카로스는 아버지의 거듭된 충고에도 불구하고 자꾸만 하늘 높이 올라갔다. 어느 순간 이카로스는 작은 점으로 보일 정도로 높이 떠올라서 태양을 향해 다가가고 있었다. 이카로스의 날개는 태양이 밀랍을 녹여 깃털들이 허공에서 흩어지기 시작했다. 날개가 사라진 이카로스는 돌멩이처럼 바다로 추락하여 숨을 거두었다.

아들을 잃은 다이달로스는 시칠리아 섬으로 날아가서 그 나라의 왕을 위해 여러 가지 일을 시작했다. 미노스는 다이달로스가 탈출한 사실을 알자마자 함대를 이끌고 그를 찾아 나섰다. 미노스는 시칠리아 왕에게 그를 내어 줄 것을 요구했다. 그러나 시칠리아 사람들은 다이달로스에게 입은 은혜를 생각해서 그를 지켜 주기로 결심했다. 시칠리아의 왕은 미노스를 궁궐로 초대하여 극진히 대접하는 척하면서 그를 죽일 기회를 엿보았다. 미노스가 목욕탕에 들어간 순간 그의 몸에 끓는 물을 두 솥이나 퍼부어 죽게 만들었다.

미노스가 죽은 뒤 다이달로스는 아테네로 돌아갔다. 고향에서 그는 젊은이들에게 예술과 기술을 가르치면서 여생을 보냈다.

다이달로스와 이카로스 부자는 날개를 달고 날았으나, 이카로스는 날개의 밀랍이 녹아 추락해 죽는다.

1783년 몽골피에 형제는 대중 앞에서 열기구를 선보였다.

비행기를 만든 사람들

노반이나 다이달로스처럼 하늘을 나는 기계를 꿈꾼 사람들은 이카로스처럼 목숨을 잃었다. 중세 유럽에서는 새의 날개를 본떠 만든 옷을 입거나 널찍한 외투를 걸치고 탑에서 떨어져 죽은 사람들이 적지 않았다.

비행에 대한 환상을 과학적으로 실현하려고 시도한 최초의 인물은 르네상스 시대 이탈리아의 화가인 레오나르도 다빈치(1452~1519)이다. 그는 새의 날개와 꼬리 모습을 본떠 그린 비행기 설계도를 백여 개나 남겼다. 그의 헬리콥터 설계도는 훗날 실제로 구현되었다.

인간 최초의 비행 기록을 세운 사람은 프랑스의 조제프 몽골피에(1740~1810)와 자크 몽골피에(1745~1799)이다. 1783년 9월 베르사유 궁전의 정원에서 루이 16세 등 13만 명이 지켜보는 가운데, 몽골피에 형제는 양털 뭉치, 낡은 신발, 동물 사체를 태워서 자신들이 만든 열기구에 뜨거운 공기를 불어넣었다. 11분 뒤에 비단으로 만든 파란 풍선이 높이 떠올랐다. 풍선 밑에 매달린 승객용 바구니에는 양, 수탉, 오리가 각각 한 마리씩 타고 있었다. 이 풍선은 8분 동안 하늘을 난 뒤 안전하게 착륙했다. 같은 해 11월 몽골피에 형제는 풍선을 타고 고도 26미터의 파리 상공에서 25분간 12킬로미터를 비행하는 데 성공했다. 처음으로 사람이 하늘을 비행한 순간이었다. 마침내 날고 싶은 인간의 꿈이 실현된 것이다.

1889년 독일의 오토 릴리엔탈(1848~1896)은 동생과 함께 황새의 비상을 관찰한 끝에 원시적인 날개 기구를 만들었다. 버드나무 줄기와 목화나무 섬유질을 이용하여 약간 둥근 날개를 단 비행기를 만든 것이

오토 릴리엔탈은 글라이더를 만들어 하늘을 나는 데 성공했다.

다. 다름 아닌 글라이더였다. 릴리엔탈은 베를린의 한 언덕에서 도약하여 처음으로 하늘을 나는 데 성공했다. 그는 2,000회 이상 비행했으나 1896년 글라이더를 타고 비행하던 중에 추락하여 목숨을 잃었다.

최초의 동력 비행에 성공한 사람은 미국의 윌버 라이트(1867~1912)와 오빌 라이트(1871~1948)이다. 라이트 형제는 최초로 유인 동력 비행체의 제작에 성공한 것이다. 1903년 12월 17일 목요일 오전 10시 35분 미국 노스캐롤라이나 주의 키티호크 언덕에서 라이트 형제가 만든 무게 300킬로그램의 동력 비행기가 조종석에 동생인 오빌을 태우고 59초간 36미터 상공에서 250미터를 무사히 비행하였다.

 ## 신화와 전설 속의 로봇

세계 4대 문명의 하나인 티그리스-유프라테스 강 삼각주 유역의 고대 메소포타미아 문명에는 수메르, 바빌로니아, 아시리아의 신화가 전해 내려오고 있다. 기원전 3000년경 수메르인의 신화에서 신들은 날마다 먹을 양식을 구하기가 어려워 고통을 느꼈다. 신들은 대신 농사를 지어 줄 심부름꾼을 만들기로 했다. 신들은 물속에서 점토 덩어리를 떼어 내서 인간을 창조했다. 수메르 신화에서 인간은 신의 로봇으로 창조된 셈이다.

그리스 신화의 로봇

그리스 신화에는 신들이 상아나 놋쇠를 사용하여 특별히 만든 인간이 등장한다.

키프로스 섬에는 피그말리온이라는 조각가가 살고 있었다. 그는 재능이 특출한 예술가이자 명망가 집안의 청년이었으므로 중매쟁이들이 세계 곳곳에서 사랑스럽고 부유한 처녀들을 데려왔다. 그러나 피그말리온의 눈에 드는 여인은 단 한 명도 없었다. 그는 결국 여성들에 대한 혐오감을 갖게 되어 한평생 결혼하지 않기로 결심하였다.

피그말리온은 작업실에서 두문불출하며 상아를 사용하여 자신이 찾는 여인상을 조각했다. 그의 조각 솜씨가 워낙 완벽하여 그 작품은 사람의 손으로 만든 인공물이 아니라 자연의 창조물처럼 보였다. 또한 그 작품은 너무나 아름다워서 이 세상의 어느 미녀에게도 뒤지지 않을 정도였다. 피그말리온은 자신이 만든 여인상이 마치 살아 있는 처녀처럼 느껴져 사랑에 빠지고 말았다.

피그말리온은 여인상의 팔다리에 예쁜 옷을 입히고, 손가락에는 반지를 끼우고, 목에는 목걸이를 걸고, 귀에는 귀걸이를 달아 주었다. 또 그는 번들번들한 조개껍질, 반짝이는 구슬, 자그마한 새, 각양각색의 꽃다발 등을 선물로 여인상의 발치에 갖다 바치기도 했다. 그는 조각상을 소파 위에 누이고, 손으로 만져 보기도 하고, 포옹하기도 하면서 그녀를 자신의 아내라고 생각했다.

사랑의 여신인 아프로디테의 축제가 다가왔다. 이 축제는 키프로스 섬에서는 아주 성대하게 치러지는 큰 행사였다. 피그말리온은 제단 앞에 나아가서 여신에게 하얀 암소를 바치고 작업실의 상아 처녀와 같은 여인을 아내로 점지해 달라고 간청했다. 아프로디테는 그의 말뜻을 알아차리고 소원을 들어주겠다는 표시로 제단의 불꽃을 세 번 하늘로 치솟게 했다. 기쁜 마음으로 집에 돌아온 피그말리온은 눈이 휘둥그레졌

장 레옹 제롬, 「피그말리온과 갈라테이아」

헤파이스토스의 대장간.
헤파이스토스가 외눈박이인 키클롭스 세 명을 데리고 방패를 만들고 있다.

다. 온 집 안이 말끔히 청소되어 있고 부엌에서는 맛있는 음식이 끓고 있었기 때문이다. 그는 여인상에 다가가서 입술에 키스를 했다. 그녀의 입술은 따뜻하고 곰살맞게 움직였다. 여인상은 얼굴을 붉히면서 수줍은 듯이 눈을 감았다.

피그말리온은 상아로 된 그녀의 피부가 우유처럼 해맑았기 때문에 '우유'라는 뜻을 가진 그리스어인 '갈라테이아'를 이름으로 지어 주었다. 피그말리온과 갈라테이아는 결혼을 하여 아들을 하나 낳았다. 아기의 이름은 파포스였다. 지금도 키프로스 섬에는 파포스라는 이름을 가진 도시가 있다. 이 도시는 아프로디테에게 봉헌된 바 있다.

크레타 섬에는 탈로스라는 거인이 있었다. 최고의 대장장이인 헤파이스토스가 놋쇠로 탈로스를 만들어 생명과 괴력을 불어넣어 주었다. 청동 핏줄을 통해 마법의 피가 몸 안을 돌고 있고, 청동 피부는 어떤 창과 화살도 뚫지 못했으므로 탈로스는 천하무적의 괴물이었다.

탈로스는 크레타 섬을 지키는 파수병으로 하루에 세 차례 섬을 순찰하면서 배가 접근하면 커다란 바위를 들어 올려 배를 깨부수었다. 탈로스는 온몸이 청동으로 되어 있었기 때문에 뜨겁게 달아오른 몸뚱이로 사람들을 껴안아 주었다. 탈로스에게 유일하게 상처를 입힐 수 있는 부위는 발뒤꿈치의 혈관이었다. 그 부분은 놋쇠 대신에 얇은 막으로 덮여 있기 때문이다. 그래서 발뒤꿈치로 뾰족한 바위를 밟은 탈로스는 얇은 막이 찢어지면서 몸을 구성하고 있던 납이 모두 밖으로 흘러나와 순식간에 허물어져 죽었다는 이야기가 전해 내려온다. 일설에는 약과 수면제가 든 포도주를 받아 마시고 죽었다는 이야기도 있다. 약 기운이 돌면서 탈로스가 쓰러질 때 발뒤꿈치에 있는 마개를 뽑았는데, 거인의 피가 모두 빠져나가 마지막 숨을 거두게 되었다는 것이다.

전설 속의 인조인간

동서양의 전설에는 사람이 인간처럼 만든 로봇, 곧 인조인간 이야기가 나온다. 기원전 3세기경의 『열자』에 다음의 내용이 소개되어 있다.

주나라의 목왕은 노는 것을 좋아해서 곳곳을 돌아다니는 것을 즐겼다. 그는 백성을 돌보지 않고 여덟 필의 준마가 이끄는 수레를 타고서 천하를 주유했다. 그는 돌아오는 길에 중국에 당도하기 전에 언사라는 손재주가 무척 뛰어난 사람을 만났다. 그는 왕이 분부하는 것이면 무엇이든 만들 수 있다고 말했다. 이튿날 언사는 이상한 복장을 한 사람을 데리고 나타났다. 왕이 누구냐고 묻자 언사는 "이 사람은 제가 직접 만든 것으로, 노래도 하고 춤을 출 수 있습니다."라고 대답했다. 그 인형의 일거일동은 진짜 인간과 조금도 다름이 없었다. 목왕은 왕비와 궁녀들을 불러내 그 인형이 노래 부르고 춤추는 것을 함께 구경했다.

변화무쌍한 자태로 자연스럽게 노래하고 춤추는 그 모습 어디에도 그를 가짜 인간이라고 여길 만큼 허술한 구석이 없었다. 노래가 끝날 무렵 인형은 목왕 곁에 앉아 있는 비빈들에게 게슴츠레한 눈빛을 보냈다. 눈알이 쉼 없이 돌아가는 모습이 마치 그녀들을 유혹하는 것 같았다. 목왕은 격노하여 언사를 끌어내 목을 치라고 명령했다. 언사는 죽음이 두려워 즉시 인형의 목을 비틀고 손과 발을 잡아 뽑고 가슴도 열어젖혔다. 인형은 가죽, 나무, 아교와 칠, 여러 색깔의 염료로 이루어져 있었다. 인형의 몸속에는 창자·심장·간·허파·내장·피부·이가 모두 들어 있었다. 언사가 그것들을 원래대로 다시 조립하자 인형은 미녀들에게 눈짓을 보내던 행동을 계속했다. 왕이 인형의 심장을 꺼

언사가 만든 가짜 인간

내게 하자 노래를 부르지 못했고, 간장을 끄집어내자 눈이 멀었으며, 콩팥을 떼어 내자 한 발자국도 걷지 못했다. 그때서야 목왕은 인형이 가짜 인간이라는 것을 믿게 되었고 한숨을 쉬면서 "인간의 손재주가 대자연의 섭리에 이를 수 있다니, 정말 신과 같은 재주로고."라고 말했다. 목왕은 자신의 수레와 똑같은 화려한 마차 한 대를 준비시켜 언사를 태우고 주나라로 돌아왔다.

서양의 전설에 나오는 인조인간 중에서 가장 유명한 것은 골렘이다.

골렘과 랍비

유대인들의 지혜를 집대성한 책인 『탈무드』에는 율법학자(랍비)들이 지구의 모든 지역에서 긁어모은 흙먼지를 반죽하여 만든 덩어리로 인조인간을 창조하는 대목이 나온다. 모양이 없는 진흙 덩어리를 골렘이라 한다. 골렘은 '생명이 없는 물질'이라는 뜻이다.

골렘은 적당한 의식을 치르면 사람의 형상을 갖게 된다. 그 다음에 골렘의 이마에 '진리'라는 뜻의 글자를 새겨 주면 생명체로 바뀐다. 이 피조물을 파괴하려면 첫 글자를 지우면 된다. 남은 글자는 '죽음'을 의미하는 단어이기 때문이다.

골렘은 랍비의 집이나 교회당에서 허드렛일을 거드는 하인 노릇을 하거나, 유대인 사회를 보호하기 위해 이교도의 상황을 감시하는 스파이 역할을 하였다. 1580년 한 랍비가 만든 골렘은 체코의 프라하 시내를 돌아다니면서 이교도의 유대인 학살에 대한 정보를 수집했다고 전해진다.

21세기 후반 지구의 새로운 주인

사람처럼 생각할 줄 아는 로봇은 언제쯤 우리 앞에 나타날 것인가. 미국의 로봇공학 이론가인 한스 모라벡(1948~)은 그의 저서 『로봇』(1999)에서 로봇 기술의 발달 과정을 생물 진화에 견주어 21세기 로봇을 전망했다.

모라벡에 따르면, 20세기 로봇은 곤충 수준의 지능을 갖고 있지만, 21세기에는 10년마다 세대가 바뀔 정도로 지능이 향상된다. 이를테면 2010년까지 1세대, 2020년까지 2세대, 2030년까지 3세대, 2040년까지 4세대 로봇이 개발될 것 같다.

먼저 1세대 로봇은 동물로 치면 도마뱀 정도의 지능을 갖는다. 20세기의 로봇보다 30배 정도 똑똑한 로봇이다. 크기와 모양은 사람처럼 생겼으며 용도에 따라 다리는 두 개에서 여섯 개까지 사용 가능하다. 물론 바퀴가 달린 것도 있다. 평평한 지면뿐만 아니라 거친 땅이나 계단을 돌아다닐 수 있고, 대부분의 물체를 다룰 수 있다. 집 안에서 목욕탕을 청소하거나 잔디를 손질하고, 공장에서 기계 부품을 조립하는 일을 척척 해낸다. 맛있는 요리를 할 수 있으며, 테러범이

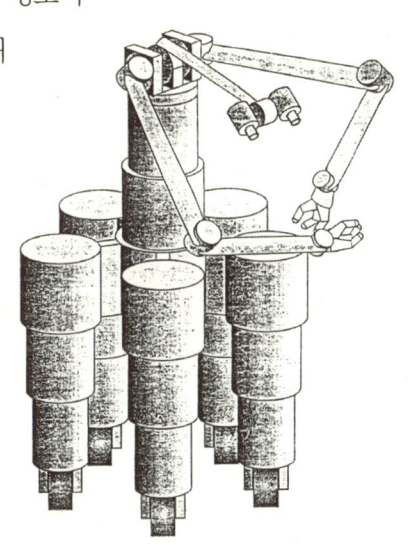

한스 모라벡은 21세기의 1세대 로봇이 사람처럼 팔다리를 움직일 것이라고 상상했다.

과학으로 신화의 꿈이 실현되다 177

숨겨 놓은 폭탄을 찾아내는 일도 잘할 것이다.

2020년까지 나타날 2세대 로봇은 1세대보다 성능이 30배 뛰어나며 생쥐 정도로 영리하다. 1세대와 다른 점은 스스로 학습하는 능력을 갖고 있다는 것이다. 가령 부엌에서 요리할 때 1세대 로봇은 한쪽 팔꿈치가 식탁에 부딪히더라도 다른 행동을 취하지 못하고 미련스럽게 계속 부딪힌다. 그러나 2세대 로봇은 팔꿈치를 서너 번 부딪히는 동안 다른 손을 사용해야 한다고 판단하게 된다. 주위 환경에 맞추어 스스로 적응하는 능력을 갖고 있기 때문이다.

3세대 로봇은 원숭이만큼 머리가 좋고 2세대 로봇보다 30배 뛰어나다. 주변 환경에 대한 정보와 함께 그 안에서 자신이 어떻게 행동하는 것이 좋은지를 판단할 수 있는 소프트웨어를 갖고 있다. 요컨대 어떤 행동을 취하기 전에 생각하는 능력이 있다. 부엌에서 요리를 시작하기 전에 3세대 로봇은 여러 차례 머릿속으로 연습을 해 본다. 2세대는 팔꿈치를 식탁에 부딪힌 다음에 대책을 세우지만, 3세대 로봇은 미리 충돌을 피하는 방법을 궁리한다는 뜻이다.

2040년까지 개발될 4세대 로봇은 20세기의 로봇보다 성능이 100만 배 이상 뛰어나고 3세대보다 30배 똑똑하다. 이 세상에서 원숭이보다 30배가량 머리가 좋은 동물은 다름 아닌 사람뿐이다. 말하자면 사람처럼 보고 말하고 행동하는 기계인 셈이다.

일단 4세대 로봇이 출현하면 놀라운 속도로 인간의 능력을 추월하기 시작할 것이다. 모라벡에 따르면 2050년 이후 지구의 주인은 인류에서 로봇으로 바뀌게 된다. 이 로봇은 소프트웨어로 만든 인류의 정신적 유

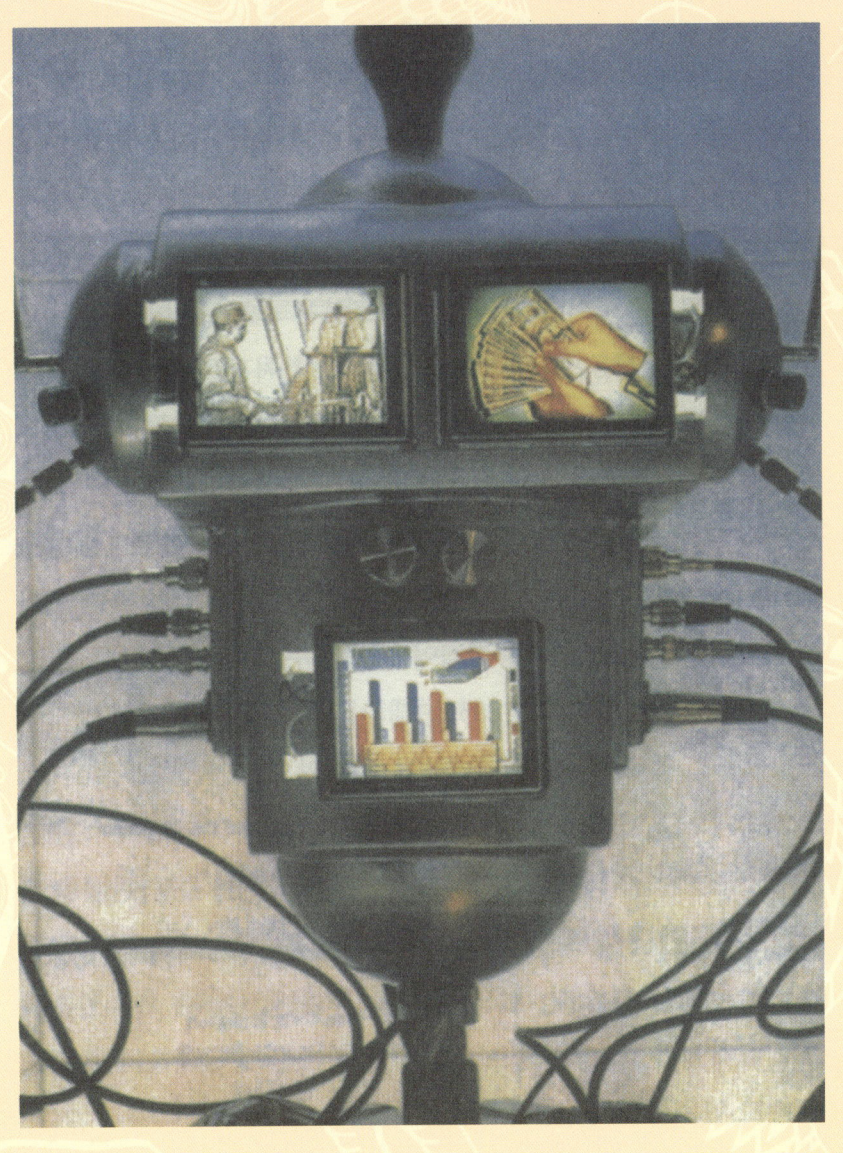

로보 사피엔스.
사람보다 똑똑한 기계인 로보 사피엔스가 지구의 새로운 주인이 될지 모른다.

미래에 인간과 로봇은 어떤 관계일까? 영화 「매트릭스」의 한 장면.

산, 이를테면 지식·문화·가치관을 모두 물려받아 다음 세대로 넘겨줄 것이므로 자식이라 할 수 있다. 모라벡은 이러한 로봇을 '마음의 아이들'이라고 부른다.

인류의 미래가 사람의 몸에서 태어난 혈육보다는 사람의 마음을 물려받은 기계, 곧 마음의 아이들에 의해 발전되고 계승될 것이라는 모라벡의 주장은 실로 충격적이지 않을 수 없다.

21세기 후반, 그러니까 2050년대 이후 우리는 사람처럼 생각하고, 느끼며, 행동하는 로봇과 더불어 살지 않으면 안 될 것 같다. 사람과 로봇이 맺게 될 사회적 관계는 대충 세 가지로 추측된다.

첫째, 로봇이 인간의 충직한 심부름꾼 노릇을 하는 주종 관계를 생각할 수 있다. 둘째, 로봇이 사람보다 영리해져서 인간을 지배할 가능성도 배제할 수 없다. 끝으로, 호모 사피엔스(지혜를 가진 인류)와 로보 사피엔스(지혜를 가진 로봇)가 공생 관계를 형성하여 서로 돕고 살 수도 있을 것이다.

많은 사람들은 인간의 피조물인 로봇이 미래에도 오늘날 산업 현장의 로봇처럼 사람 대신에 온갖 힘든 일을 도맡아 줄 것으로 믿고 있다. 그러나 기계가 인간보다 뛰어나서 인간이 기계에게 밀려날 것이라는 공포감은 소설이나 영화를 통해 끊임없이 표출되었다. 가령 체코의 작가인 카렐 차페크(1890~1938)의 희곡 「로섬의 만능 로봇」(1921)은 로봇을 먼저 파괴하지 않으면 결국 로봇이 인간의 자리를 빼앗아 갈 것이라는 의미를 함축하고 있다. 반란을 일으킨 로봇 지도자는 인간인 여자 주인공에게 "당신들은 로봇만큼 튼튼하지 않다. 당신들은 로봇만큼 재주가 뛰어나지도 않다."고 외치면서 동료 로봇에게 모든 인간을 죽이라고 명령한다.

1999년 부활절 주말에 미국에서 개봉된 영화 「매트릭스」의 무대는 200년 뒤인 2199년 인공지능 기계와 인류의 전쟁으로 폐허가 된 지구이다. 마침내 인공지능 컴퓨터들은 인류를 정복하여 인간을 자신들에게 에너지를 공급하는 노예로 삼는다. 땅속 깊은 곳에서 인간들은 매트릭스 컴퓨터들의 배터리로 사육되는 것이다. 말하자면 인간은 오로지 기계에 의해서, 기계를 위해 태어나며, 생명이 유지되고 이용될 따름이다.

사람과 로봇이 맺을 수 있는 마지막 세 번째 관계는 서로 돕고 사는 공생이다.

  어쨌거나 2050년 이후에 호모 사피엔스와 로보 사피엔스가 맺게 될 관계는 아무도 알 수 없다. 단지 로봇공학이 발전을 거듭하고 있는 오늘날 예측 가능한 유일한 사실은, 사람보다 영리한 로보 사피엔스가 출현하게 될 21세기 후반 인류 사회의 모습이 예측 불가능하다는 것뿐이다.

 # 달나라로 도망간 여자

중국의 전설에는 달나라에 간 여인의 이야기가 나온다. 이른바 '항아 분월'의 전설이다. 2007년 2월 중국은 달 탐사 계획인 '창어' 프로젝트를 진행 중이라고 밝혔다. 항아분월의 전설에서 따온 명칭이다. 창어는 항아의 중국 발음이다.

영웅 예의 활약

중국을 요임금이 다스리던 시절 어느 날 갑자기 열 개의 태양이 한꺼번에 하늘에 나타나서 온 세상이 불구덩이에 빠진 것 같았다. 태양 열 개가 쏟아붓는 열기로 대지 위의 모든 곡식은 말라 죽고 사람들은 더워서 숨도 제대로 쉬기 어려웠다.

열 개의 태양은 동방 천제의 아들들이었다. 그들은 천제가 정해 놓은 규칙에 따라 돌아가면서 하나씩 하늘에 떠올랐다. 열 개의 태양은 수

예가 하늘에 나타난 열 개의 태양을 향해 화살을 쏘고 있다.

천만 년 동안 똑같은 일을 되풀이하면서 재미를 느끼지 못했다. 그러던 어느 날 태양들은 의기투합하여 동시에 함께 하늘로 뛰쳐나갔다.

사람들은 열 개의 태양 때문에 더위와 배고픔에 시달렸다. 요임금 역시 백성들처럼 굶고 지내면서 하늘의 천제에게 기도하고 호소했다. 요임금의 기도를 들은 천제는 자식들을 혼내 주기 위해 천신인 예를 인간 세상으로 내려보냈다.

예는 활 솜씨가 무척 뛰어났다. 천제는 예가 하늘나라를 떠나 인간 세계로 가는 날, 붉은색의 활과 하얀 화살 한 통을 하사했다. 예는 아내인 항아와 함께 인간 세계로 내려갔다. 항아는 하늘나라의 여신이다. 요임금은 예와 항아를 반갑게 맞이하고 왕궁 밖으로 나가 열 개의 태양이 내뿜는 열기 때문에 죽어 가는 백성들의 모습을 살펴보게 하였다.

예는 그리스 신화의 영웅 헤라클레스처럼 어려운 일을 처리해 나갔다. 헤라클레스는 델포이의 신탁에 따라 열두 가지 과제를 완수한 반면에 예는 천제의 명령과 백성의 부탁을 받아들여 일곱 가지 재앙을 물리쳤다.

예가 가장 먼저 한 일은 하늘에 나타난 열 개의 태양을 제거하는 것이었다. 예는 요임금을 따라 백성들이 기다리고 있는 광장으로 나아갔다. 그는 붉은색의 활과 하얀 화살을 꺼내 하늘의 해를 향해 쏘았다. 잠시 후 하늘의 불덩어리가 터지면서 붉은 물체가 땅 위에 떨어졌다. 그것은 화살에 맞은 거대한 황금빛의 세 발 까마귀, 곧 삼족오였다. 삼족오는 태양 정령의 화신이었다.

이제 하늘에는 아홉 개의 태양이 떠 있었다. 백성들은 박수를 치며 환호했다. 예는 계속해서 하늘을 향해 활시위를 당겼다. 하늘의 불덩어리들은 차례대로 터지면서 세 발 달린 까마귀들이 땅으로 떨어졌다. 요임금은 태양 열 개를 모조리 떨어뜨리면 안 된다는 생각이 들어서 사람을 보내 예의 화살집에 꽂힌 열 개의 화살 중에서 한 개를 몰래 뽑아 오게 하였다. 예는 결국 아홉 개의 태양을 쏘아서 떨어뜨렸으며 한 개는 남겨 둘 수밖에 없었다.

예는 이어서 다른 여섯 가지 재앙을 해결하여 백성들의 마음속에 가장 위대한 영웅으로 남게 되었다. 그러나 천제는 조금도 기뻐하지 않았다. 천제는 예가 자신의 아들을 아홉 명이나 활로 쏘아 죽였기 때문에 그에게 원망을 품게 된 것이다. 천제는 예로부터 천신의 자격을 박탈하고 하늘로 다시는 돌아올 수 없게 만들었다. 예는 신에서 인간으로 전락하고 만 것이다.

항아의 비극

예의 아내인 항아 역시 남편 때문에 여신의 자격을 상실하고 하늘로 갈 수 없는 신세가 되었다. 항아는 예를 향해 원망과 투정을 퍼부어 댔다.

예는 생명의 위험을 무릅쓰고 백성을 위해 큰 공을 세웠음에도 불구하고 천제의 노여움을 사게 되어 억울하고 원통했다. 게다가 항아의 잔소리가 갈수록 심해져서 우울한 나날의 연속이었다. 예는 이미 영웅의 모습이 아니었다. 그는 마침내 아내를 피하기 위해 집을 뛰쳐나가기로 결심했다. 날마다 들판이나 산 속에서 사냥을 하며 허송세월을 했다.

빈둥거리는 그를 보고 타락했다고 혀를 차는 백성들이 적지 않았다.

예가 유랑 생활을 끝내고 집으로 돌아오자 항아가 크게 반겼다. 그러나 예와 항아를 기다리고 있는 또 하나의 문제가 있었다. 그것은 인간으로 전락한 그들에게 죽음의 신이 점점 가까이 다가오고 있다는 사실이었다. 영웅인 예도 항아처럼 죽음을 두려워하고 있었다. 예는 죽음의 공포에서 벗어날 수 있는 방법을 찾아낸다면 항아와의 사랑도 회복할 수 있다고 생각했다. 그러던 어느 날 곤륜산 서쪽에 살고 있는 서왕모라는 신인이 불사약을 갖고 있다는 소문을 들었다. 예는 불사의 명약을 기어코 구해 오기로 결심했다.

서왕모는 남자인지 여자인지 알 길이 없는 신비스러운 존재이다. 전염병과 형벌을 관장하는 괴신이었다. 표범의 꼬리에 호랑이의 이빨을 갖고 있으며 봉두난발에 옥비녀를 꽂았다. 동굴에 살면서 세 마리의 파랑새가 잡아다 주는 피투성이의 짐승을 호랑이 이빨로 먹어 치우고 기분이 좋아지면 동굴 밖의 깎아지른 절벽 위에서 목을 길게 빼고 하늘을 향해 휘파람을 불었다. 휘파람 소리가 하도 무섭고 처연해서 온갖 새들과 짐승들이 모두 도망쳐서 숨어 버렸다고 한다.

곤륜산 위에는 불사수가 있고, 그 나무에 열린 과일로 만든 것이 불사약이다. 이 불사수는 몇천 년에 한 번 꽃이 피고 또 몇천 년이 지나서야 열매가 열렸다.

예는 영웅답게 온갖 난관을 뚫고 곤륜산 위로 올라가서 서왕모를 만났다. 서왕모는 예의 처지에 대해 동정심을 나타내고 불사약이 담긴 호리병을 건네주며 당부의 말을 했다.

"이 불사약은 부부가 함께 먹어도 영원히 죽지 않을 만큼 충분한 양입니다. 또한 한 사람이 혼자서 모두 먹는다면 하늘로 올라가 천신이 될 수 있습니다."

예는 항아에게 불사약을 맡겼다. 좋은 날을 골라 함께 먹을 생각이었다. 그러나 항아는 혼자 모두 먹고 하늘나라로 올라가 다시 여신의 신분을 찾고 싶었다. 항아는 남편이 집을 비운 사이에 호리병 속의 불사약을 몽땅 삼켜 버렸다. 항아는 자신의 몸이 점점 가벼워지는 것을 느꼈다. 다리가 땅 위에서 떨어지더니 몸이 저절로 창밖으로 날아가기 시작했다. 하늘 높이 솟아올랐지만 항아는 곧바로 하늘나라로 가지 않을 생각이었다. 하늘의 여러 신들이 남편을 배반한 여자라고 조롱할 것 같았기 때문이다. 그래서 월궁, 곧 달나라로 가서 잠시 숨어 있기로 마음 먹었다. 항아가 월궁에 도착한 순간 갑자기 몸에 변화가 나타나기 시작했다. 입은 넓어지고 눈도 커졌다. 목과 어깨는 한데 붙었다. 배와 허리는 부풀어 올랐다. 등은 아래로 오그라들었다. 피부에는 온통 동전 모양의 울퉁불퉁한 흠집이 나타났다. 항아는 비명을 질렀으나 목소리는 나오지 않았다. 항아는 땅 위에 쪼그리고 앉아 팔짝팔짝 뛰는 두꺼비로 변해 있었다.

'항아가 달로 도망쳤다'는 뜻의 항아분월 전설은 항아만의 비극으로 끝나지 않는다. 예는 아내의 배신에 절망하여 더 이상 영원히 살고 싶다는 꿈을 접고 남은 삶을 불행하게 살았다. 더욱이 예가 활 쏘는 법을 가르쳐 준 제자가 휘두른 몽둥이에 맞아 죽는 비참한 최후를 맞았다. 그 제자는 자기보다 재주가 뛰어난 스승을 제거해서 일등이 되어야겠다는 허영심에 사로잡혀 스승의 머리를 복숭아나무 몽둥이로 내려친 것이다. 예는 연민과 경멸의 눈빛으로 제자를 쳐다보면서 커다란 산이 무너지듯이 쓰러졌다. 훗날 백성들은 불행한 삶을 살다가 억울하게 죽어 간 예의 공덕을 기려 신으로 섬겼다. 헤라클레스는 신에 의해 올림포스에서 불사의 존재가 된 반면에 예는 백성들에 의해 사악한 재앙을 물리쳐 주는 신으로 받들어 모셔졌다.

달로 도망치는 항아

우주인은 누구인가

지구로부터 38만 5,000킬로미터 떨어진 달은 인류에게는 오랫동안 가 보고 싶은 꿈의 나라였다. 1865년 프랑스의 과학소설가인 쥘 베른(1828~1905)은 『지상에서 달까지』를 펴내고, 다음과 같이 달나라로 떠나는 여행을 묘사했다.

기술자가 단추를 눌렀다. 그러자 전혀 예상치 못했던 어마어마한 굉음이 나면서 인간의 상상을 초월하는 쇠로 만든 대포 화산이 폭발하는 것처럼 번갯불이 솟았다. 거대한 불기둥이 땅에서 솟아올랐다. 땅이 흔들렸고, 아주 소수의 구경꾼들만이 아주 잠깐 동안, 불기둥 사이를 뚫고 승승장구 공중으로 솟아오르는 달 탄환을 관찰할 수 있었을 뿐이다.

베른은 처음으로 로켓 발사에 의한 달나라 여행을 상상한 사람이다. 달 탄환은 로켓이라는 이름으로 개발되었기 때문이다. 로켓에 의한 우주여행을 제안한 미국의 로버트 고더드(1882~1945)와 러시아의 콘스탄틴 치올코프스키(1857~1935)는 우주여행의 아버지라 불린다. 고더드는 1919년 로켓이 우주의 진공 속을 뚫고 달에 착륙할 수 있다는 논문을 발표하고, 1926년 3월 처음으로 액체연료 로켓의 점화에 성공하였다.

1969년 7월 20일, 미국의 우주 비행사 닐 암스트롱(1930~) 등이 탄 아폴로 11호가 마침내 달 착륙에 성공했다. 암스트롱은 달 표면에 발을 내디딘 최초의 인간이 되었다. 그는 "한 인간에게는 작은 걸음이지만 인류에게는 대단히 큰 도약입니다."라는 명언을 남겼다.

암스트롱처럼 우주에 다녀온 사람을 우주인이라 이른다. 우주인이 되는 방법은 세 가지이다.

첫째, 우주 비행사가 되어 우주선을 탄다. 우주 비행사는 맡은 일의 종류에 따라 우주 조종 비행사, 임무 수행 비행사, 화물 운영 비행사로 분류된다.

달나라의 영구 기지. 2007년 미국 항공우주국(나사)은 달에 건설할 기지의 개념도를 발표했다. 우주 비행사 열두 명이 거주할 수 있는 기지에는 체력 단련실, 기지 조종실, 수경 식물 재배실, 승무원 침실(맨 위층부터 차례로) 등이 있다.

1969년 아폴로 11호가 달 착륙에 성공했다.

우주 조종 비행사는 우주선의 사령관과 조종사 역할을 한다. 배의 선장처럼 우주선과 승무원에 대한 모든 책임을 진다. 우주 조종 비행사가 되려면 반드시 제트 비행기의 비행시간 경험이 1,000시간 이상 되어야 한다. 임무 수행 비행사는 우주 조종 비행사와 협조하여 우주선을 작동하고 조정한다. 우주유영을 하고 페이로드를 관리한다. 우주유영은 우주선 밖의 우주 공간에 나와 활동하는 것으로 우주 산책이라고도 한다. 페이로드는 우주선의 화물을 뜻하며 주로 과학 실험 장비들이다. 화물 운영 비행사는 과학기술자 출신으로 페이로드를 작동시켜 과학 실험을 수행한다.

인류 최초의 우주인은 1961년 4월 보스토크 1호를 타고 우주 비행에 처음으로 성공한 소련의 유리 가가린(1934~1968)이다. 유인우주선을 쏘아 올린 나라는 미국, 러시아, 중국 등 3개국에 불과하여 우주 비행사 역시 3개국 사람들이다.

둘째, 국제 우주정거장으로 우주 관광을 떠난다. 우주정거장은 지구 궤도에 건설된 대형 구조물로서 사람이 거주하면서 우주 개발 임무를 수행하는 전초기지이다. 하늘에 놓은 징검다리인 셈이다. 유인 우주정거장으로는 미국의 스카이랩과 스페이스 셔틀(우주왕복선), 러시아의 미르 우주정거장과 소유즈 우주선이 있다. 국제 우주정거장은 1998년 11월부터 미국, 러시아, 일본 등 16개국이 참여하여 건설 중이며 2012년에 완성되면 2020년까지 운용될 것으로 예상된다.

2001년부터 민간인의 국제 우주정거장 방문이 허용되어 돈 많은 사람들이 다녀왔다. 이들은 소유즈를 타고 국제 우주정거장으로 날아가서 10일 동안 우주 관광을 하는 대가로 2000만 달러를 지급했다.

셋째, 준궤도 우주여행 시대가 개막되면 누구나 우주인이 될 수 있다. 국제적으로 인정하는 우주의 한계선인 100킬로미터의 고도, 곧 준궤도에서 우주를 여행하는 것을 뜻한다. 지구의 대기권이 끝나는 100킬로미터를 지나면 정식으로 우주에 진입한 것이지만 궤도 비행은 하지 않기 때문에 준궤도 우주여행이라 이른다. 준궤도 우주여행은 관광객을 태운 우주선을 준궤도에서 운행시키므로 탑승자들은 몇 분 동안 무중력상태를 체험할 수 있다.

2004년 6월 민간 유인우주선 '스페이스십 원'이 고도 100킬로미터를 넘어 비행하여 지구의 대기권 밖에서 몇 분간 체류한 뒤 지구로 무사히 귀환했다. 이는 국가가 아닌 민간 차원에서 개발해 발사한 우주선이 역사상 최초로 사람을 태우고 대기권 밖으로 날아간 쾌거이다. 이를 계기로 본격적인 상업 우주여행 시대가 열릴 것으로 전망된다. 스페이스십 원을 만든 항공사에서는 '스페이스십 투'로 2012년부터 1인당 20만 달러짜리 우주 관광사업을 시작할 것으로 알려졌다. 국제 우주정거장을 다녀오는 비용과 비교가 되지 않을 정도로 적은 요금이기 때문에 백만장자가 아니라도 웬만하면 누구나 우주로 나들이해서 우주인 명단에 이름을 올릴 수 있게 될 것 같다.

미르 우주정거장

더 읽어 볼 만한 책

◆ 세계 신화

『세계신화사전』, 아서 코트렐(편집부 역), 까치, 1997
『세계 신화 이야기』, 세르기우스 골로빈(이기숙·김이섭 공역), 까치, 2001
『우리가 알아야 할 세계 신화 101』, 요시다 아츠히코(김수진 역), 아세아미디어, 2002
『세계의 유사 신화』, J. F. 비얼레인(현준만 역), 세종서적, 2000
『살아있는 신화』, J. F. 비얼레인(배경화 역), 세종서적, 2000

◆ 동물 관련 신화

『신화상상동물 백과사전』, 이인식, 생각의나무, 2002
『상상동물 이야기』, 호르헤 루이스 보르헤스(남진희 역), 까치, 1994
『기독교 동물상징사전』, 피지올로구스(노성두 역), 지와사랑, 1999
『세이렌의 노래』, 빅 드 동데르(김병욱 역), 시공사, 2002

◆ 식물 관련 신화

『식물탄생신화』, 홀거 룬트(장혜경 역), 예담, 2007
『초록 덮개』, 마이클 조던(이한음 역), 지호, 2004

◆ 중국 신화

『중국신화전설』, 위앤커(전인초·김선자 공역), 민음사, 2002
『산해경』, 정재서 역주, 민음사, 1985

◆ 인도 신화

『인도 신화』, 사라스바티(김석진 역), 북하우스 2002

◆ 중동 신화

『중동 신화』, 사무엘 헨리 후크(박화중 역), 범우사, 2001
『메소포타미아 신화』, 헨리에타 맥컬(임웅 역), 범우사, 1999
『이집트 신화』, 멜리사 애플게이트(최용훈 역), 해바라기, 2001
『페르시아 신화』, 베스타 커티스(임웅 역), 범우사, 2003

◆ 그리스·로마 신화

『고대 신화』, 벌핀치(손명현 역), 정음사, 1971
『변신 이야기』, 오비디우스(이윤기 역), 민음사, 1998
『아이네이스』, 베르길리우스(천병희 역), 숲, 2005
『이윤기의 그리스 로마 신화』, 이윤기, 웅진지식하우스, 2000~2004

◆ 북유럽 신화

『북유럽 신화』, 케빈 크로슬리-홀런드(서미석 역), 현대지성사, 1999
『북유럽 신화』, 안인희, 웅진지식하우스, 2007

◆ 신화와 과학

『신화와 과학이 만나다』, 이인식, 생각의나무, 2010
『신탁』, 윌리엄 브로드(김혜원 역), 가인비엘, 2007
『크노소스』, 알렉상드르 파르누(이혜란 역), 시공사, 1997
『신들의 문명』, 데이비드 차일드레스(윤치원 역), 대원출판, 2002
『하늘을 나는 수레』, 홍상훈, 솔, 2003
『나는 멋진 로봇친구가 좋다』, 이인식, 고즈윈, 2009

찾아보기 (신화)

ㄱ

가이아 Gaia · 10~12, 23, 28, 39, 119
갈라테이아 Galatea · 170~171, 173
감로 甘露 · 66
게브 Geb · 39~40
고르곤 Gorgon · 115~116
곤륜산 崑崙山 · 72, 187
골렘 golem · 175~176
교인 鮫人 · 82~83
그리핀 griffin · 133~135
기굉국 奇肱國 · 156~157
길가메시 Gilgamesh · 52, 66~71

ㄴ

네프티스 Nephthys · 40
넥타르 nectar · 66
노반 魯班 · 156, 157~160
노아 Noah · 32
누트 Nut · 39~40
능어 陵魚 · 82
닉스 Nyx · 10, 11
님프 nymph · 56

ㄷ

다윗 David · 144~145
다이달로스 Daedalos · 128~132, 156, 160~165, 167
다프네 Daphne · 120
대인국 大人國 · 30
데메테르 Demeter · 12

델포이 신탁
델포이 신탁 Delphic Oracle · 53, 119~123, 124, 185

ㄹ

라 Ra · 38~39
락슈미 Lakshmi · 108, 109
레아 Rhea · 12
레테 Lethe · 54
리바이어던 Leviathan · 112~113

ㅁ

메데이아 Medeia · 126~127
메두사 Medusa · 115~117, 118
무계국 無繼國 · 72~73
미노스 Minos · 124, 127~128, 130, 132~137, 160~161, 163~164
미노타우로스 Minotauros · 127, 128, 130~132, 133, 137, 161, 163
미드가르드 Midgard · 26

ㅂ

바수키 Vasuki · 110, 111
반고 盤古 · 15~18, 23
발할라 Valhalla · 26, 28
베누 Bennu · 44
베들레헴의 별 · 149~153
불사민 不死民 · 72
비슈누 Vishnu · 108~110, 111

ㅅ

삼족오 三足烏 · 185
서왕모 西王母 · 72, 187~188
세이렌 Seiren · 83~90
세트 Seth · 40
소마 soma · 66
솔로몬 Solomon · 144~145
숙 儵 · 14~15

198

스틱스 Styx · 54, 56, 59
시빌레 Sibylla · 117

ㅇ

아난타 Ananta · 108, 109
아누비스 Anubis · 41, 42~43
아담 Adam · 32, 141
아라크네 Arachne · 94, 96~100
아르테미스 Artemis · 28
아리아드네 Ariadne · 128, 131~132, 163
아메마이트 Amemait · 42
아바타라 avatara · 108~109
아수라 Asura · 110, 111
아이게우스 Aegeus · 124~125, 126~127, 130, 132
아이네이아스 Aeneias · 52, 61
아이트라 Aethra · 124~125
아케론 Acheron · 54
아테나 Athena · 93~94, 96~99, 115~117
아폴론 Apollon · 117, 119~123, 124
아프로디테 Aphrodite · 131, 170, 173
알유 猰貐 · 71
암리타 amrita · 66, 110
암브로시아 ambrosia · 66
언사 偃師 · 174~175
에로스 Eros · 11, 131
에우로페 Europe · 127
에우리디케 Eurydice · 56~61
엔키두 Enkidu · 68~70
예 羿 · 183~189
오디세우스 Odysseus · 28~30, 83, 85, 86, 87
오딘 Odin · 24, 26
오르페우스 Orpheus · 52, 56~61
오시리스 Osiris · 38, 40~44
올림포스 산 Olympos Mount · 12, 14
요 堯 · 183, 185~186
요르뭉간드르 Jormungandr · 26, 27

용백국 龍伯國 · 30~31
우라노스 Uranus · 11, 12, 14, 28
우로보로스 Ouroboros · 76~77
우트나피시팀 Utunapishtim · 70~71
이그드라실 Yggdrasil · 24~26, 28
이미르 Ymir · 23~24
이브 Eve · 32
이슈타르 Ishtar · 70
이시스 Isis · 40~41
이카로스 Icaros · 161, 163~165, 167
인어 mermaid · 80~90, 92

ㅈ

잠신 蠶神 · 100~101
적유 赤鱬 · 82
제강 帝江 · 15
제우스 Zeus · 12, 14, 52, 115, 125, 127, 132~133

ㅋ

카론 Charon · 54, 55, 56, 59
카오스 chaos · 10, 14, 16, 17, 18~22, 23
케르베로스 Cerberos · 53~54, 55, 56, 58, 59, 115, 117
크로노스 Cronos · 11~14
키클롭스 Cyclops · 28~30, 172

ㅌ

타나토스 Thanatos · 54
타르타로스 Tartaros · 10~11, 14, 54
탈로스 Talos · 173~174
테세우스 Theseus · 125~127, 130~132, 161, 163
토트 Thoth · 40
트리톤 Triton · 85~86
티아마트 Tiamat · 23
티탄 Titan · 11, 12~14

ㅍ

파시파에 Pasiphae · 128~130, 162, 163
파포스 Paphos · 173
페가수스 Pegasus · 116
페르세우스 Perseus · 115~116, 118
포세이돈 Poseidon · 12, 30, 85
폴리페모스 Polyphemos · 29~30
풍생수 風生獸 · 73
퓌톤 Python · 117, 119
퓌티아 Pythia · 119~120
프로크루스테스 Procrustes · 125~126
피그말리온 Pygmalion · 169~171, 173

ㅎ

하데스 Hades · 12, 53~55, 58~59
하치키 오헤비 八岐大蛇 · 110, 112
항아 嫦娥 · 183, 185, 186~189
헤라 Hera · 12, 52~53
헤라클레스 Heracles · 32, 52~53, 54~55, 56, 113~115, 117, 185, 189
헤메라 Hemera · 10
헤스티아 Hestia · 12
헤파이스토스 Hephaistos · 172, 173
헬 Hel · 26
혼돈 混沌 · 14~15, 18
홀 忽 · 14~15
훔바바 Humbaba · 69~70
히드라 Hydra · 113~115

찾아보기(용어)

ㄱ

거인 · 16~18, 23~24, 28~31, 33, 173~174
『고대 신화 Mythology』(토머스 벌핀치) · 119
「길가메시 서사시 Epic of Gilgamesh」· 67

ㄴ

나노기술 nanotechnology(NT) · 49~51
나비효과 butterfly effect · 19~21

ㄷ

『다윈의 블랙박스 Darwin's Black Box』 (마이클 베히) · 143
듀공 dugong · 90, 92

ㄹ

로보 사피엔스 Robo sapiens · 178~182
『로봇 Robot』(한스 모라벡) · 177
「로섬의 만능 로봇 Rossum's Universal Robots(R. U. R.)」(카렐 차페크) · 181
『리바이어던 Leviathan』(토머스 홉스) · 112~113

ㅁ

마음의 아이들 mind children · 178, 180
만유인력 방정식 · 18
매너티 manatee · 90~92
「매트릭스 The Matrix」· 180, 181
몰약 沒藥 · 46
미궁(라비린토스) labyrinth · 130, 131~132,

133, 137~139, 161, 163
『미궁 Through the Labyrinth』(헤르만 케른)·138
미노아 문명·137
미라·41, 44~47, 51

ㅂ

『박물지 Naturalis Historia』(플리니우스)·86, 88
『변신 이야기 Metamorphoses』(오비디우스)·94, 97, 98
『불멸에의 기대 The Prospect of Immortality』(로버트 에틴거)·47

ㅅ

『산해경 山海經』·15, 30, 71, 72, 80, 100, 156
『삶 이후의 삶 Life After Life』(레이먼드 무디)·62~63
「사자의 서 Book of the Death」·41, 42~43
『삼오역기 三五歷記』(서정)·15
생물 강철 biosteel·103, 105
『수신기 搜神記』(간보)·82
『신곡 La Divina Commedia』(단테)·61
「신통기 Theogony」(헤시오도스)·10, 11
신탁 oracle·28, 53, 119~120, 122~123, 124, 185

ㅇ

「아이네이스 Aeneid」(베르길리우스)·61
엘릭시르 elixir·73~76
연금술 alchemy·73~77
『열자 列子』·174
『역사 Historiae』(헤로도토스)·44, 46
『오디세이 The Odyssey』(호메로스)·28, 83, 86, 88
우주인·190~194
『이윤기의 그리스 로마 신화』(이윤기)·117, 119

「인어공주 The Little Mermaid」(한스 크리스티안 안데르센)·89
인체 냉동 보존술 cryonics·47~49, 51
『일리아드 The Iliad』(호메로스)·132~133
임사 체험 near-death experience(NDE)·62~65

ㅈ

『장자 莊子』(장자)·14~15, 18
저온생물학 cryobiology·47, 49, 51
『종의 기원 On the Origin of Species』(찰스 다윈)·143
준궤도 우주여행 suborbital space travel·194
『중국신화전설 中國神話傳說』(위앤커)·101
『지상에서 달까지 From the Earth to the Moon』(쥘 베른)·189~190
지적 설계 Intelligent Design·143
『창세기의 대홍수 The Genesis Flood』(존 위트컴·헨리 모리스)·143

ㅊ

창어 嫦娥 프로젝트·183
창조과학 creation science·144
『창조의 엔진 Engines of Creation』(에릭 드렉슬러)·49

ㅋ

크노소스 Knossos·132~133, 136, 137, 160~161
크레타 Crete·12, 95, 124, 127, 128, 130, 132~133, 137, 160~161, 173

ㅌ

타나토노트 Thanatonaute·52, 62, 65
『탈무드 The Talmud』·176
『태평광기 太平廣記』·83

토리노 성의 · 144
트로이 전쟁 · 28, 83

ㅍ
『포박자 抱朴子』(갈홍) · 73
『피지올로구스 Physiologus』 · 86, 88

ㅎ
현자의 돌 philosopher's stone · 76
호모 사피엔스 Homo sapiens · 32, 181, 182

찾아보기(인명)

간보 干寶 · 82
갈릴레오 갈릴레이 Galileo Galilei · 142
갈홍 葛洪 · 73

니콜라우스 코페르니쿠스 Nicolaus Copernicus · 140, 142
닐 암스트롱 Neil Armstrong · 190, 192

단테 Dante Alighieri · 61~62, 63

레오나르도 다빈치 Leonardo da Vinci · 167
레이먼드 무디 Raymond Moody · 62~63
로버트 고더드 Robert Goddard · 190
로버트 에틴거 Robert Ettinger · 47

마이클 베히 Michael Behe · 143

베르길리우스 Virgil · 61, 62
빌라도 Pontius Pilate · 145, 146, 147, 149

아리스토텔레스 Aristotle · 75, 76
아서 에번스 Arthur Evans · 133, 135, 137
아이작 뉴턴 Isaac Newton · 18
앙리 푸앵카레 Henri Poincaré · 18~20
에드워드 로렌츠 Edward Lorenz · 20~21
에릭 드렉슬러 K. Eric Drexler · 49
예수 그리스도 Jesus Christ · 32, 144, 145~150, 151, 152~153
오비디우스 Ovid · 94
오빌 라이트 Orville Wright · 168
오토 릴리엔탈 Otto Lilienthal · 167~168

요하네스 케플러 Johannes Kepler · 150
위앤커 袁珂 · 101
윌리엄 페일리 William Paley · 142~143
윌버 라이트 Wilbur Wright · 168
유리 가가린 Yuri Gagarin · 193

자크 몽골피에 Jacques Montgolfier · 166, 167
조르다노 브루노 Giordano Bruno · 142
조제프 몽골피에 Joseph Montgolfier · 166, 167
쥘 베른 Jules Verne · 189~190

찰스 다윈 Charles Darwin · 143
추연 鄒衍 · 74, 75

카렐 차페크 Karel Čapek · 181
케네스 링 Kenneth Ring · 63
콘스탄틴 치올코프스키 Konstantin Tsiolkovsky · 190
크리스토퍼 콜럼버스 Christopher Columbus · 90

토머스 벌핀치 Thomas Bulfinch · 119
토머스 홉스 Thomas Hobbes · 112~113

파라켈수스 Paracelsus · 76
패트릭 무어 Patrick Moore · 150
플라톤 Plato · 122
플루타르크 Plutarch · 122, 123
플리니우스 Pliny the Elder · 86, 88

한스 모라벡 Hans Moravec · 177, 178, 180
한스 크리스티안 안데르센 Hans Christian Andersen · 89
헤로도토스 Herodotus · 44, 46
헤르만 케른 Hermann Kern · 138
헤시오도스 Hesiod · 10
호메로스 Homer · 28, 83, 132, 133

지은이의 주요 저술 활동

칼럼

신문 칼럼 연재
- 「동아일보」 이인식의 과학생각(99. 10~01. 12) : 58회(격주)
- 「한겨레」 이인식의 과학나라(01. 5~04. 4) : 151회(매주)
- 「조선닷컴」 이인식 과학칼럼(04. 2~04. 12) : 21회(격주)
- 「광주일보」 테마칼럼(04. 11~05. 5) : 7회(월 1회)
- 「부산일보」 과학칼럼(05. 7~07. 6) : 26회(월 1회)
- 「조선일보」 아침논단(06. 5~06. 10) : 5회(월 1회)
- 「조선일보」 이인식의 멋진과학(07. 3~11. 4) : 199회(매주)
- 「조선일보」 스포츠 사이언스(10. 7~11. 1) : 7회(월 1회)

잡지 칼럼 연재
- 『월간조선』 이인식 과학칼럼(92. 4~93. 12) : 20회
- 『과학동아』 이인식 칼럼(94. 1~94. 12) : 12회
- 『지성과 패기』 이인식 과학글방(95. 3~97. 12) : 17회
- 『과학동아』 이인식 칼럼-성의 과학(96. 9~98. 8) : 24회
- 『한겨레21』 과학칼럼(97. 12~98. 11) : 12회
- 『말』 이인식 과학칼럼(98. 1~98. 4) : 4회(연재 중단)
- 『과학동아』 이인식의 초심리학 특강(99. 1~99. 6) : 6회
- 『주간동아』 이인식의 21세기 키워드(99. 2~99. 12) : 42회
- 『시사저널』 이인식의 시사과학(06. 4~07. 1) : 20회(연재 중단)
- 『월간조선』 이인식의 지식융합 파일(09. 9~10. 2) : 5회
- 『PEN』(일본 산업기술종합연구소) 나노기술 칼럼(11. 7~현재) : 연재 중(월 1회)

저서

1987 『하이테크 혁명』, 김영사
1992 『사람과 컴퓨터』, 까치글방

- KBS TV「이 한 권의 책」 테마북 선정
- 문화부 추천도서
- 덕성여대 '교양독서 세미나'(1994~2000) 선정도서

1995 『미래는 어떻게 존재하는가』, 민음사
1998 『성이란 무엇인가』, 민음사
1999 『제2의 창세기』, 김영사
- 문화관광부 추천도서
- 간행물윤리위원회 선정 '이달의 읽을 만한 책'
- 한국출판인회의 선정도서
- 산업정책연구원 경영자독서모임 선정도서

2000 『21세기 키워드』, 김영사
- 중앙일보 선정 좋은 책 100선
- 간행물윤리위원회 선정 '청소년 권장도서'
『과학이 세계관을 바꾼다』(공저), 푸른나무
- 문화관광부 추천도서
- 간행물윤리위원회 선정 '청소년 권장도서'

2001 『아주 특별한 과학 에세이』, 푸른나무
- EBS TV「책으로 읽는 세상」 테마북 선정
『신비동물원』, 김영사
『현대과학의 쟁점』(공저), 김영사
- 간행물윤리위원회 선정 '청소년 권장도서'

2002 『신화상상동물 백과사전』, 생각의나무
『이인식의 성과학 탐사』, 생각의나무
- 책으로 따뜻한 세상 만드는 교사들(책따세) 추천도서
『이인식의 과학생각』, 생각의나무
『나노기술이 미래를 바꾼다』(편저), 김영사
- 문화관광부 선정 우수학술도서
- 간행물윤리위원회 선정 '이달의 읽을 만한 책'
『새로운 천년의 과학』(편저), 해나무

2004 『미래과학의 세계로 떠나보자』, 두산동아
- 한우리독서문화운동본부 선정도서

205

- 간행물윤리위원회 선정 '청소년 권장도서'
- 산업자원부·한국공학한림원 지원 만화 제작(전 2권)

『미래신문』, 김영사
- EBS TV 「책, 내게로 오다」 테마북 선정

『이인식의 과학나라』, 김영사

『세계를 바꾼 20가지 공학기술』(공저), 생각의나무

2005 『나는 멋진 로봇친구가 좋다』, 랜덤하우스중앙
- 동아일보 '독서로 논술잡기' 추천도서
- 산업자원부·한국공학한림원 지원 만화 제작(전 4권)

『걸리버 지식 탐험기』, 랜덤하우스중앙
- 책으로 따뜻한 세상 만드는 교사들(책따세) 추천도서
- 조선일보 '논술을 돕는 이 한 권의 책' 추천도서

『새로운 인문주의자는 경계를 넘어라』(공저), 고즈윈
- 과학동아 선정 '통합교과 논술대비를 위한 추천 과학책'

2006 『미래교양사전』, 갤리온
- 제47회 한국출판문화상(저술 부문) 수상
- 중앙일보 선정 올해의 책
- 시사저널 선정 올해의 책
- 동아일보 선정 미래학 도서 20선
- 조선일보 '정시 논술을 돕는 책 15선' 선정도서
- 조선일보 '논술을 돕는 이 한 권의 책' 추천도서

『걸리버 과학 탐험기』, 랜덤하우스중앙

2007 『유토피아 이야기』, 갤리온
2008 『이인식의 세계신화여행』(전 2권), 갤리온

『짝짓기의 심리학』, 고즈윈
- EBS 라디오 「작가와의 만남」 도서
- 교보문고 '북세미나' 선정도서

『지식의 대융합』, 고즈윈
- KBS 1TV 「일류로 가는 길」 강연도서
- 문화체육관광부 우수교양도서
- KAIST 인문사회과학부 '지식융합' 과목 교재

- KAIST 영재기업인교육원 '지식융합' 과목 교재
- 한국폴리텍대학 융합교육 교재
- 책따세 월례 기부강좌 도서
- KTV 파워특강 테마북
- 한국콘텐츠진흥원 콘텐츠아카데미 교재
- EBS 라디오「대한민국 성공시대」테마북
- 2010 명동연극교실 강연도서

2009 『미래과학의 세계로 떠나보자』(개정판), 고즈윈

『나는 멋진 로봇친구가 좋다』(개정판), 고즈윈
- 책으로 따뜻한 세상 만드는 교사들(책따세) 추천도서

『한 권으로 읽는 나노기술의 모든 것』, 고즈윈
- 고등학교 국어 교과서(금성출판사) 나노기술 칼럼 수록
- 대한출판문화협회 선정 청소년 도서
- 책으로 따뜻한 세상 만드는 교사들(책따세) 추천도서

2010 『기술의 대융합』(기획), 고즈윈
- 문화체육관광부 우수교양도서
- 한국공학한림원 공동발간도서
- KAIST 인문사회과학부 '지식융합' 과목 교재
- KAIST 영재기업인교육원 '지식융합' 과목 교재

『신화상상동물 백과사전』(전 2권·개정판), 생각의나무

『나노기술이 세상을 바꾼다』(개정판), 고즈윈

『신화와 과학이 만나다』(전 2권·개정판), 생각의나무

『주니어 미래지식사전』(전 2권), 고즈윈

2011 『걸리버 지식 탐험기』(개정판), 고즈윈

『이인식의 멋진과학』(전 2권), 고즈윈

원작만화

『만화 21세기 키워드』(전 3권), 홍승우 만화, 애니북스(2003~2005)
- 부천만화상 어린이만화상 수상
- 한국출판인회의 선정 '청소년 교양도서'
- 책키북키 선정 추천도서 200선
- 동아일보 '독서로 논술잡기' 추천도서

- 아시아태평양이론물리센터 '과학, 책으로 말하다' 테마북

『미래과학의 세계로 떠나보자』(전 2권), 이정욱 만화, 애니북스(2005~2006)
- 한국공학한림원 공동발간도서
- 과학기술부 인증 우수과학도서

『와! 로봇이다』(전 4권), 김제현 만화, 애니북스(2007~)
- 한국공학한림원 공동발간도서